Plan et guide

National Gallery of Art
Washington

Barbara Moore Carla Brenner

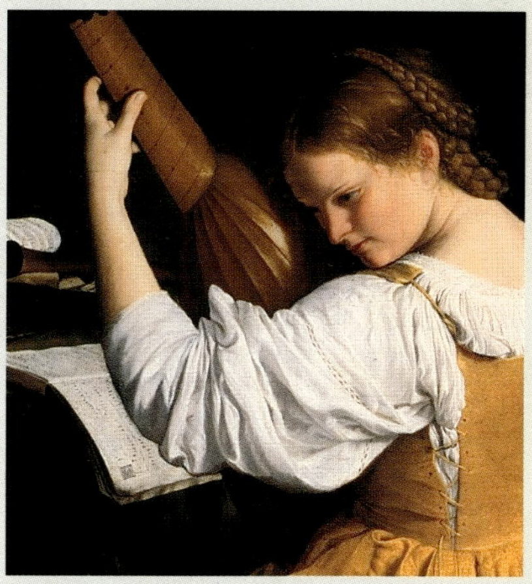

Scala Publishers en association avec
la National Gallery of Art, Washington

SCALA

Bâtiment ouest

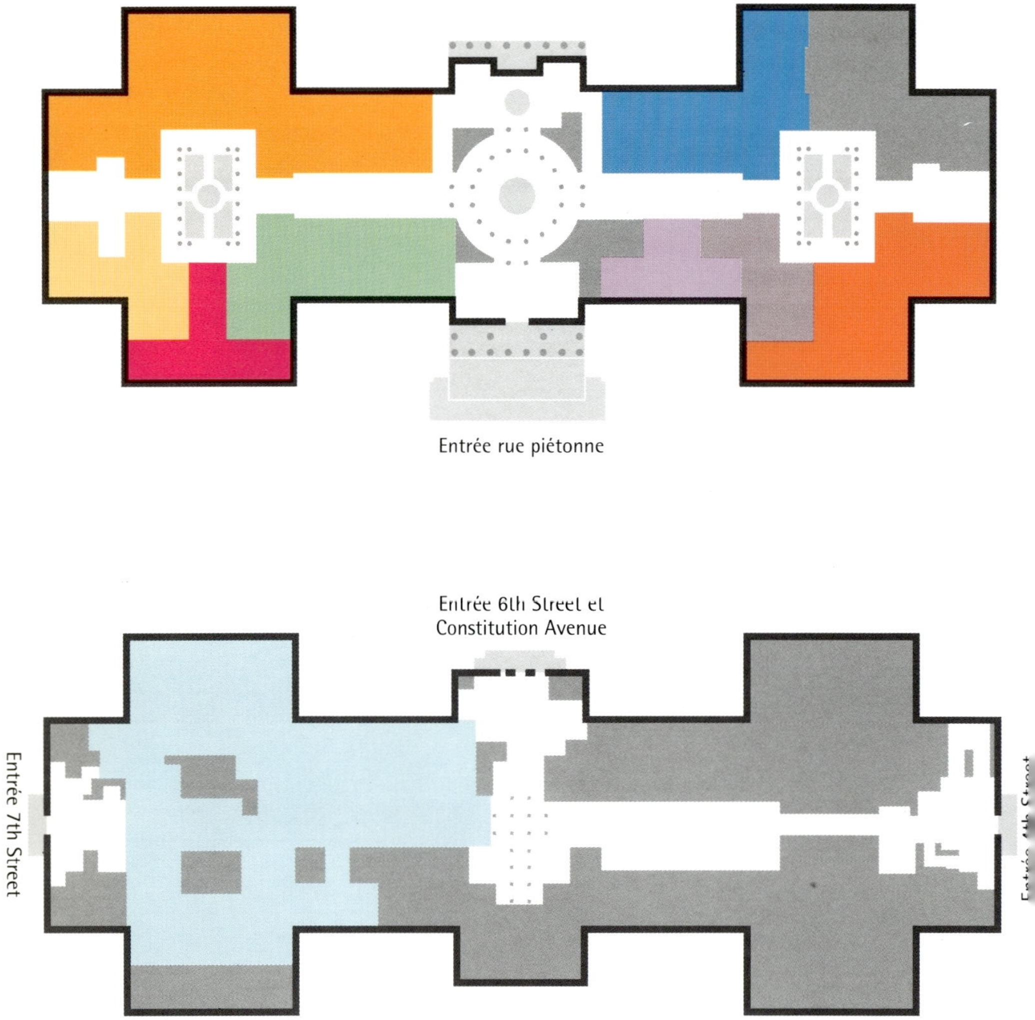

Table des matières

Bâtiment ouest

Bâtiment est

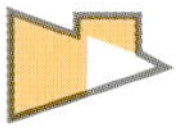

Niveau tour

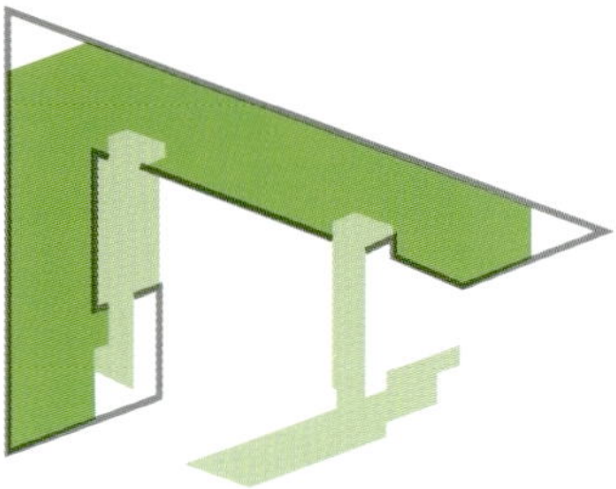

Niveau supérieur

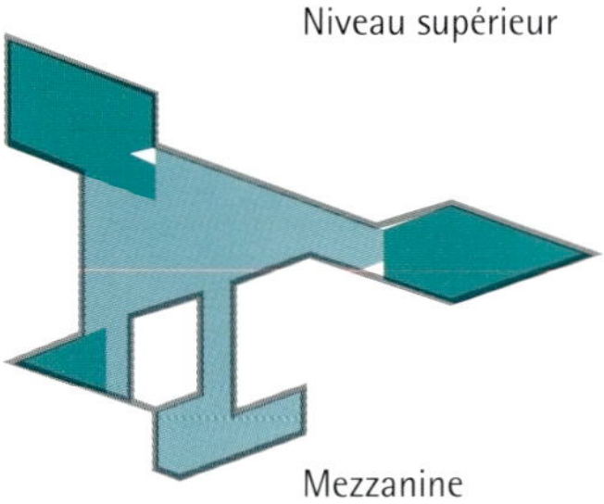

Mezzanine

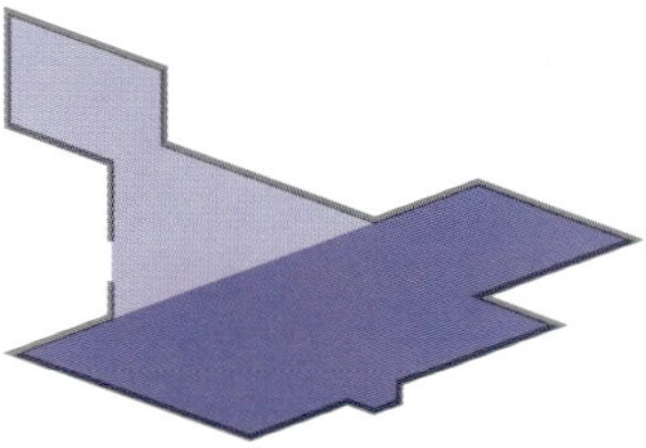

Rez-de-chaussée

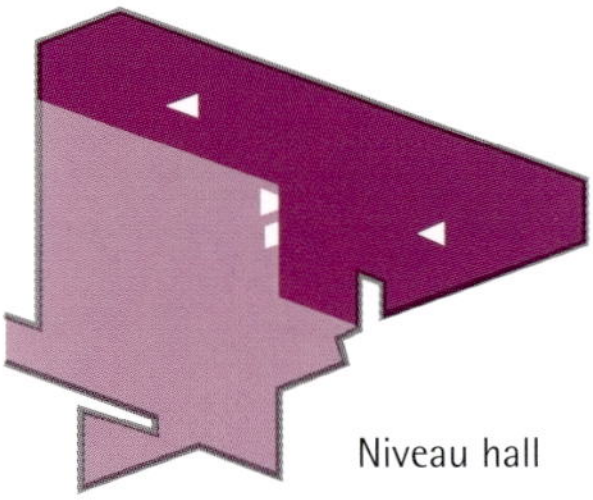

Niveau hall

Bâtiment est

Jardin de sculptures

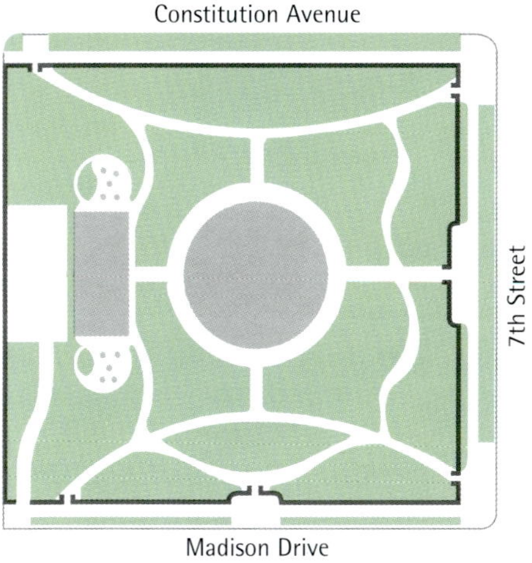

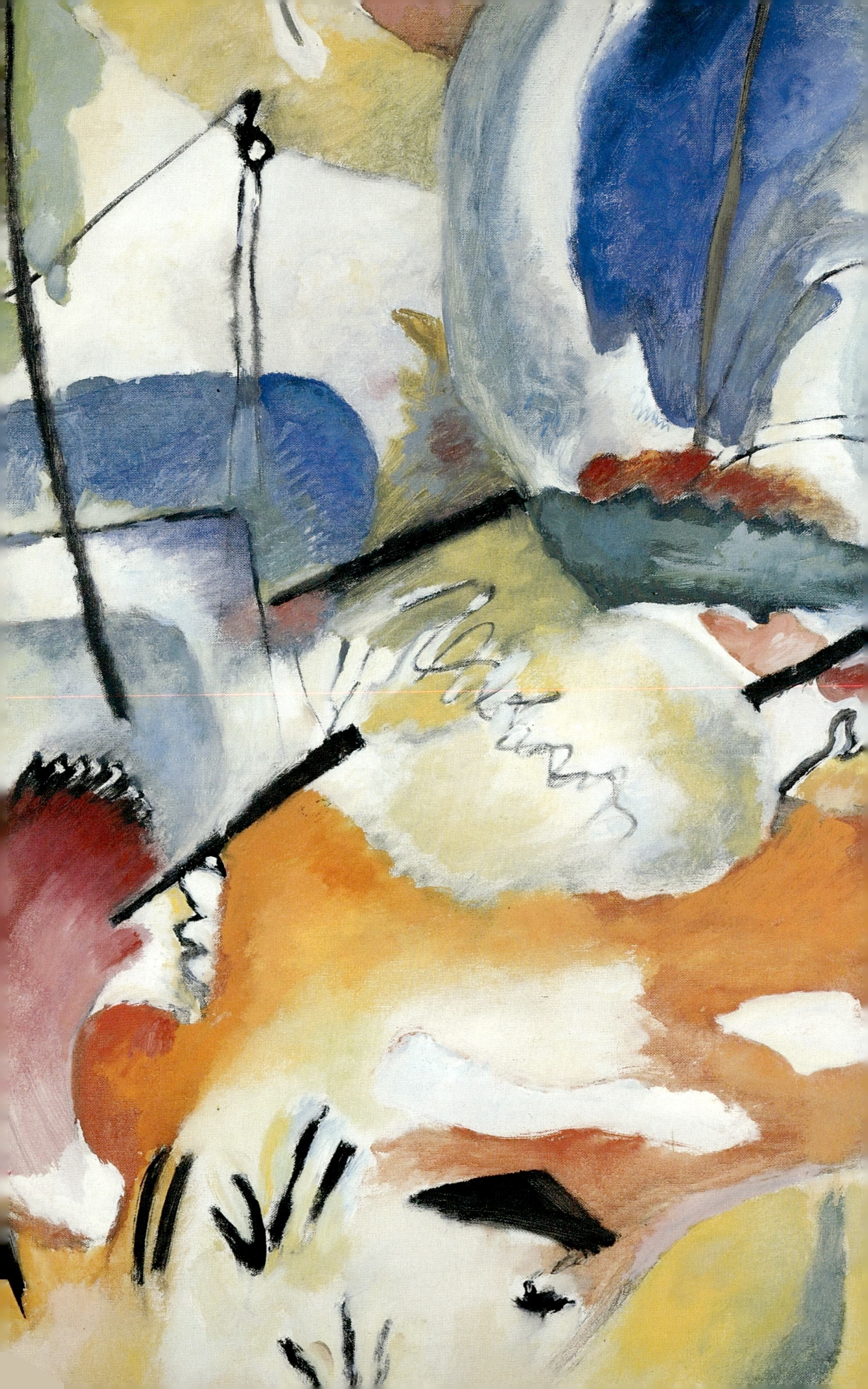

Introduction

Ce sont la vision et l'esprit de philanthropie d'un seul homme, Andrew W. Mellon, qui permirent la création de la National Gallery of Art et déterminèrent son avenir. En 1937, Andrew Mellon fit don de sa collection de tableaux européens à la nation, finança la construction du premier bâtiment du musée, le bâtiment ouest inauguré en 1941, et créa un fonds de dotation. Le Congrès américain vota une loi qui faisait du musée un organisme fédéral et assurait en partie son financement. La nature des collections et le partenariat public/privé mis en place par Andrew Mellon sont des constantes de l'institution.

Andrew Mellon, ancien Secrétaire d'Etat américain au Trésor et Ambassadeur à la Cour britannique, souhaitait créer une extraordinaire collection de tableaux s'inspirant de l'exemple de la National Gallery de Londres. Ambassadeur à Londres, il se rendait souvent à la National Gallery dont il admirait les collections. Il acquit un nombre impressionnant d'œuvres européennes allant de la Renaissance au XIXe siècle, et les dons qu'il fit au musée s'enrichirent grâce à la générosité des autres bienfaiteurs fondateurs : Joseph Widener, Chester Dale, Samuel H. Kress et Lessing J. Rosenwald. La fille et le fils d'Andrew Mellon, Ailsa Mellon Bruce et Paul Mellon, partageaient la passion de leur père pour l'art et devinrent eux aussi des collectionneurs réputés. Ils financèrent la construction du bâtiment est (inauguré en 1978). En 1999, la National Gallery of Art inaugura son Jardin de sculptures, donné à la nation par la Fondation Morris et Gwendolyn Cafritz. Aujourd'hui, le musée continue à s'enrichir grâce aux dons généreux de collectionneurs privés, le gouvernement fédéral prenant en charge son fonctionnement.

Ce guide présente de manière succincte les collections permanentes. Il servira de guide visuel pour une partie des œuvres exposées à la National Gallery of Art.

Earl A. Powell III
DIRECTEUR
National Gallery of Art

Léonard de Vinci | florentin, 1452–1519

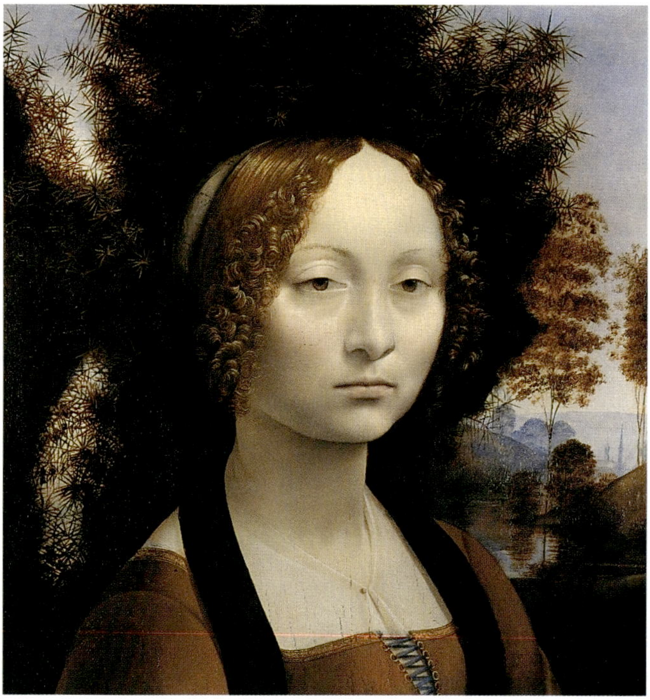

1 *Ginevra de Benci*, vers 1474
Huile sur bois
Fonds Ailsa Mellon Bruce

Elle a seize ans lorsqu'elle pose pour ce portrait, réalisé probablement à l'occasion de ses fiançailles. L'auteur du portrait est un jeune artiste de vingt-deux ans, qui travaille dans l'atelier du célèbre sculpteur Andrea del Verrocchio. Pourtant, dans cette œuvre de jeunesse, la ressemblance de la fille d'un banquier laisse déjà présager l'immense contribution que fera Léonard de Vinci à l'art de la Haute Renaissance. Ce portrait de Ginevra de Benci est d'un réalisme saisissant. Pour obtenir ce teint de porcelaine, ces boucles soyeuses et le délicat ovale de ce visage, Léonard de Vinci a expérimenté avec la peinture à l'huile – adoucissant les contours à la main, du bout des doigts et de la paume, pour créer une lumineuse intensité. L'empreinte de ses doigts est visible à la jonction du ciel et du genévrier derrière la tête de Ginevra.

Passionné par la nature, Léonard de Vinci peignit Ginevra sur fond de paysage, abandonnant les conventions européennes de l'époque en matière de portrait – visage présenté de face devant une fenêtre qui s'ouvre sur le monde ou profil sévère sur fond totalement dépourvu de réalisme. Ginevra, elle, pose à l'extérieur, devant un genévrier. Dans le lointain, l'eau et les arbres composent un paysage brumeux. Son expression dolente et son visage de poupée – peut-être inspirés de l'art néerlandais – viennent renforcer l'impact de ce portrait, seule œuvre de Léonard de Vinci dans l'hémisphère occidental.

Le revers du panneau, dont la peinture simule le porphyre, représente un portrait emblématique de Ginevra. Un parchemin porte sa devise en latin « la beauté orne la vertu ». Un brin de genièvre (en italien, *ginepro*) joue sur le nom de Ginevra, tandis que les feuilles de palme et de laurier qui l'entourent symbolisent ses vertus morales et intellectuelles.

Andrea del Castagno | florentin, 1417/1419–1457

2 ***Le Jeune David***, vers 1450
Détrempe sur cuir montée sur bois
Collection Widener

Au XVe siècle, Florence était confrontée à de nombreux Goliath, dont le pape, le doge de Venise, le roi de Naples et le duc de Milan. Florence, la plus petite des grandes puissances de l'Italie de la Renaissance, s'identifiait à David, le jeune héros biblique qui avait tué le géant d'une seule pierre de sa fronde. David devint un symbole de liberté – et un des sujets favoris des artistes florentins.

Ce David est cependant unique. Il est peint sur un bouclier de cérémonie en cuir, dont l'ombo comportait une poignée. Les boucliers de ce genre étaient généralement ornés d'armoiries et l'on n'en connaît pas d'autre exemple par un maître de la peinture.

David est représenté en pleine action d'un trait vif et net permettant de déchiffrer la scène à distance. Celle-ci n'aurait guère posé de problème de compréhension à ceux qui assistaient aux défilés de l'époque. L'énergie et le mouvement, soulignés par le vêtement agité par le vent, traduisent un nouvel intérêt pour le corps humain, peut-être motivé – comme ce fut le cas pour de nombreuses peintures du début de la Renaissance – par une célèbre statue antique, celle des dompteurs de chevaux du Quirinal à Rome.

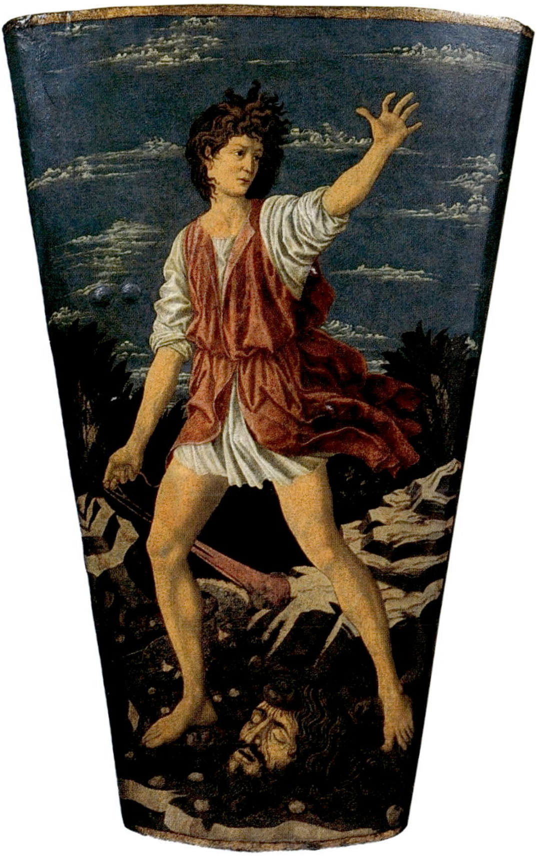

Desiderio da Settignano | florentin, 1428/1430–1464

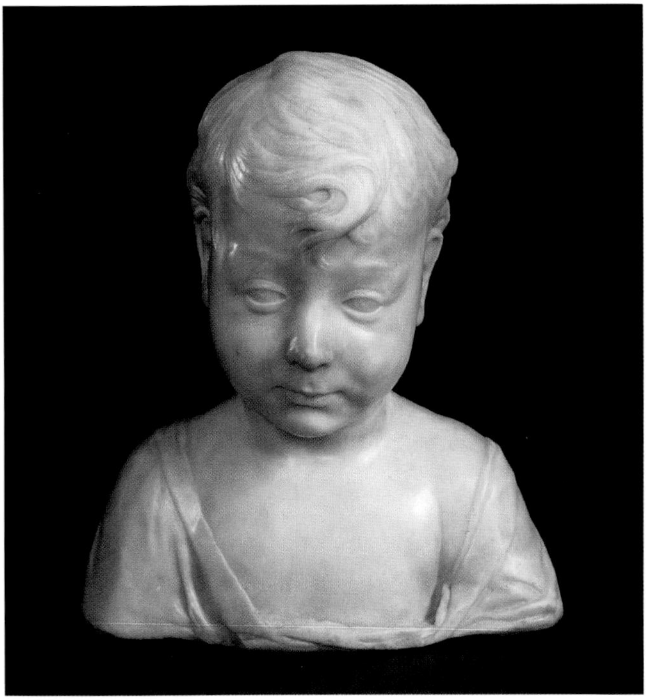

3 *Le Christ enfant (?)*, vers 1460
Marbre
Collection Samuel H. Kress

Entre 1450 et 1500 environ, les sculpteurs florentins produisirent une remarquable série de bustes de jeunes garçons. La National Gallery of Art a la chance d'en posséder quatre. Les enfants sont souvent représentés comme Jean le Baptiste, saint patron de Florence, ou parfois comme le Christ enfant. L'Eglise conseillait alors aux familles d'avoir chez elles des images de ce genre, propres à instruire et ravir les enfants. Il s'agit parfois de véritables portraits, qui sont parmi les premières œuvres depuis l'Antiquité à représenter les enfants en tant que tels et non comme des adultes en miniature. Qu'ils représentent ou non des enfants ayant véritablement existé, ce sont tous des portraits très vivants. Leur vitalité traduit littéralement l'avenir plein de promesse des enfants – pour leur famille et pour la République de Florence.

Le trou qui perce le sommet de cette tête d'enfant aurait permis l'insertion d'une auréole en métal – d'où l'idée qu'il s'agit probablement du Christ enfant. Malgré son air sérieux, il semble avoir du mal à réprimer un sourire. Ses joues sont pleines, ses yeux tour à tour pétillants et animés d'un sombre présage.

Giovanni Bellini | vénitien, vers 1427–1516 Titien | vénitien, vers 1490–1576

4 ***Le Festin des dieux***, 1514/1529
Huile sur toile
Collection Widener

Le Festin des dieux est l'œuvre de deux géants de la peinture vénitienne, Bellini et Titien. Mais à bien des égards, l'idée de cette œuvre émane de quelqu'un qui n'était pas un artiste – Alfonso d'Este, duc de Ferrara. Bellini peignit ce tableau pour le cabinet de travail privé du duc, dans le cadre d'une série de bacchanales – visions pastorales de dieux et de déesses destinées à réjouir les sens tout en traduisant le regain d'intérêt de la Renaissance pour l'Antiquité.

Dans les quinze années qui suivirent, d'importants fragments du fond furent repeints d'abord par Dosso Dossi, peintre de la cour d'Alfonso, puis par Titien. On distingue deux styles très différents : la partie droite du fond, beaucoup plus détaillée, est ce qui reste de l'œuvre originale de Bellini. A gauche, par contre, le trait est plus libre – c'est le travail de Titien. On a du mal aujourd'hui à imaginer des modifications d'une telle ampleur apportées à un tableau d'un artiste du calibre de Bellini. Considéré comme le plus grand des peintres vénitiens, c'est lui qui introduisit les couleurs brillantes et lumineuses qui allaient caractériser la peinture vénitienne pendant des siècles. Quant à Titien – peintre des papes et des rois – il est surprenant qu'on ait fait appel à lui pour quelques « retouches » ! L'histoire du *Festin des dieux* souligne l'importance du rôle des mécènes à la Renaissance.

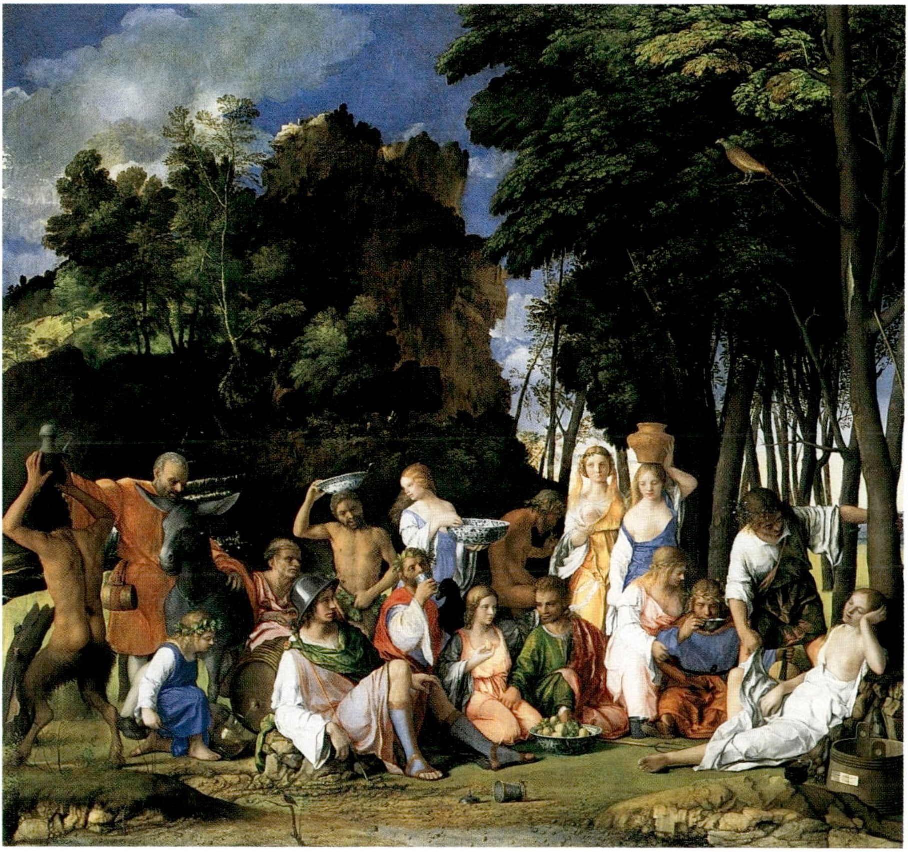

Raphaël et son évolution

Raphaël | ombrien, 1483–1520

S'inspirant des leçons de Léonard de Vinci et de Michel-Ange, Raphaël trouva l'équilibre harmonieux du fond et de la forme qui symbolise la Haute Renaissance. Cette salle permet de suivre son évolution.

En Ombrie, Raphaël a commencé par maîtriser le style de son mentor Le Pérugin – des personnages sereins posant devant des paysages poétiques aux reflets argentés. A son arrivée à Florence en 1504, il découvre les œuvres de Michel-Ange et les innovations de Léonard de Vinci, dont les formes délicatement ombrées reproduisent les apparences de manière inédite. De plus, Léonard de Vinci établit toujours un lien naturel entre ses divers personnages, et entre ceux-ci et le cadre dans lequel ils sont présentés. Durant les quatre années qu'il passe à Florence, Raphaël subvient pratiquement à ses besoins en peignant des *Vierge à l'enfant*. La répétition se révèle excellent maître.

En 1508, Raphaël part pour Rome, en quête de commandes papales. Là, l'influence du style plus physique de Michel-Ange se fait sentir et le jeune artiste s'inspire du patrimoine antique de la ville, un art classique idéalisé.

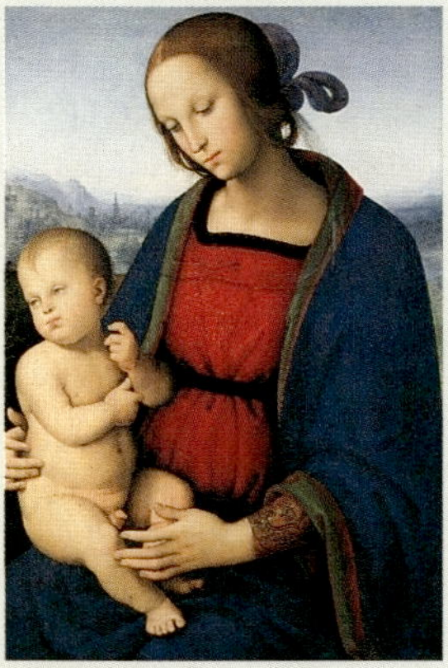

5 Le Pérugin, ombrien, vers 1448–1524
Vierge à l'enfant, après 1500
Huile sur bois
Collection Samuel H. Kress

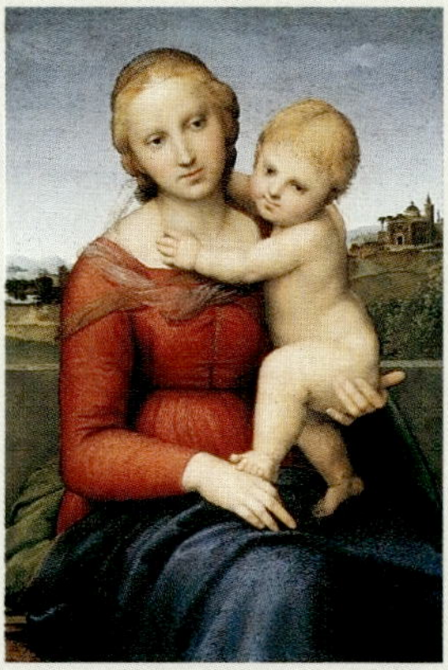

6 Raphaël, ***La Petite Madone Cowper***, vers 1505
Huile sur bois
Collection Widener

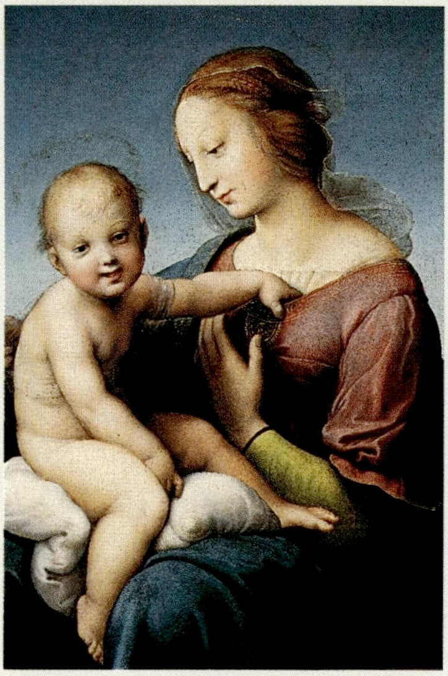

7 Raphaël, ***La Madone Niccolini-Cowper***, 1508
Huile sur bois
Collection Andrew W. Mellon

Le dernier tableau florentin de Raphaël, *La Madone Niccolini-Cowper*, est peut-être plus complexe que *La Petite Madone Cowper* exécutée quelques années auparavant. Tandis que l'enfant s'amuse à tirer sur le corsage de sa mère pour téter, les deux personnages sont étroitement liés l'un à l'autre, dans une profonde intimité tant physique que psychologique. La vigueur du trait qui traduit la vivacité de l'enfant montre que Raphaël commence à s'intéresser aux travaux de Michel-Ange.

La Petite Madone Cowper est un des premiers tableaux florentins de Raphaël, proche du style et de l'ambiance des œuvres du Pérugin. La grâce de ces deux *Vierge* est teintée de mélancolie.

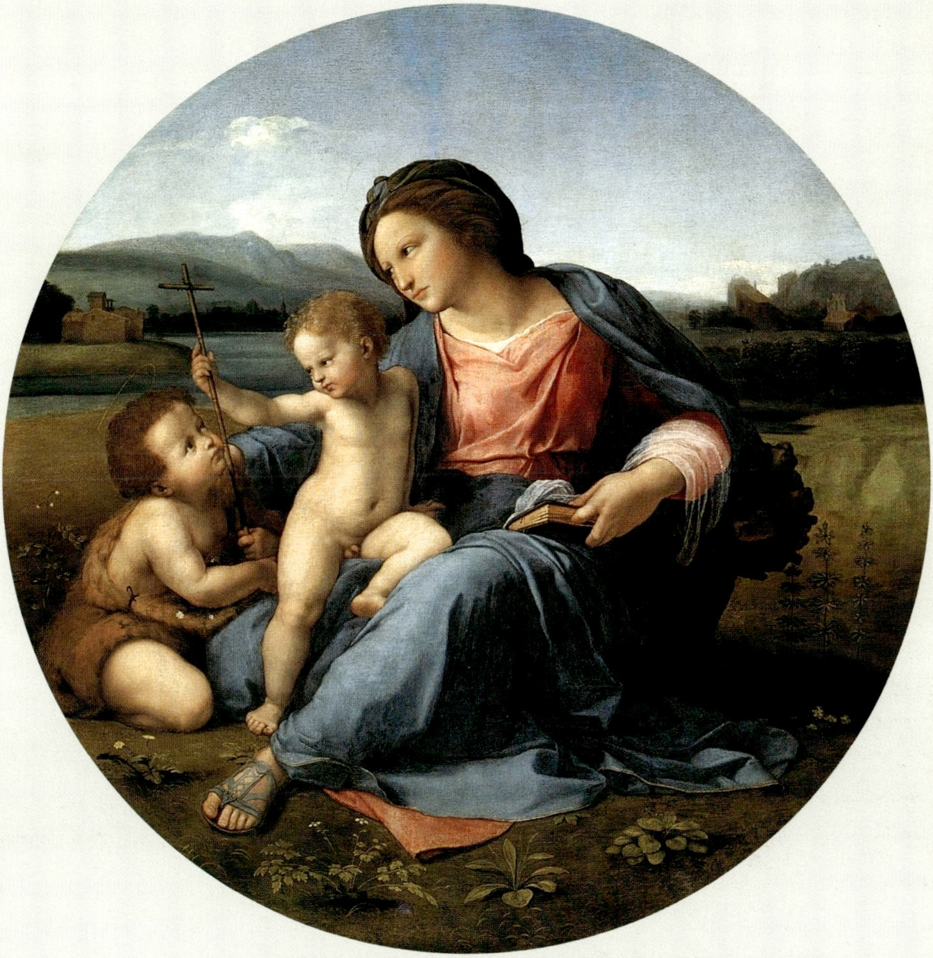

8 Raphaël, ***La Madone du duc d'Albe***, vers 1510
Huile sur bois transposée sur toile
Collection Andrew W. Mellon

Si les madones florentines de Raphaël sont empreintes d'intimité, la grandeur de *La Madone du duc d'Albe*, peinte à Rome, suggère une intention sérieuse. La Vierge est désormais vêtue à l'antique et sa pose rappelle celle des sculptures classiques. Son corps représenté en entier, des pieds à la tête, et non plus seulement aux trois quarts, dégage une plus grande impression de vérité. Libérés du simple rôle d'icône, les personnages sont ici de véritables acteurs dont les gestes et intentions s'ancrent dans le réel. Le regard des trois personnages est fixé sur la croix de roseau tenue par Jean le Baptiste enfant. Le procédé ne sert pas uniquement à souder le groupe, il transmet aussi un message particulier : en acceptant la croix, l'Enfant-Jésus accepte aussi son destin. Sa mère et son cousin sont les témoins de son sacrifice. Ce sont cet équilibre et cette parfaite adéquation du fond et de la forme qui définissent l'art de la Haute Renaissance.

Anonyme, anglais, XIVe ou XVe siècle

9 ***Saint Georges et le Dragon***, 1370/1420
Albâtre, peint et doré
Collection Samuel H. Kress

Cette statue en albâtre a probablement été sculptée en Angleterre, où cette pierre abondait et où le travail de l'albâtre faisait l'objet d'un commerce florissant au Moyen Age. Rares sont les pièces qui ont survécu. Expédiée à un mécène de l'aristocratie résidant en Espagne, l'œuvre fut conservée dans un couvent dominicain jusqu'en 1880 et échappa donc à la destruction, par les Protestants anglais durant les années 1500, de la plupart des images religieuses issues de la tradition catholique. Les surfaces larges et lisses de l'albâtre, la sculpture précise et les élégantes proportions sont typiques du style des ateliers anglais – bien que la plupart des sculptures anglaises en albâtre encore en existence soient des reliefs.

La peinture et la dorure sont remarquablement bien préservées. La croix rouge est celle des croisés, portée ici par saint Georges qui personnifiait les idéaux chevaleresques chrétiens. Il devint le saint patron de l'Angleterre après que Richard Cœur de Lion (mort en 1199) eut fait appel à sa protection contre Salah al Din au cours de la Troisième Croisade.

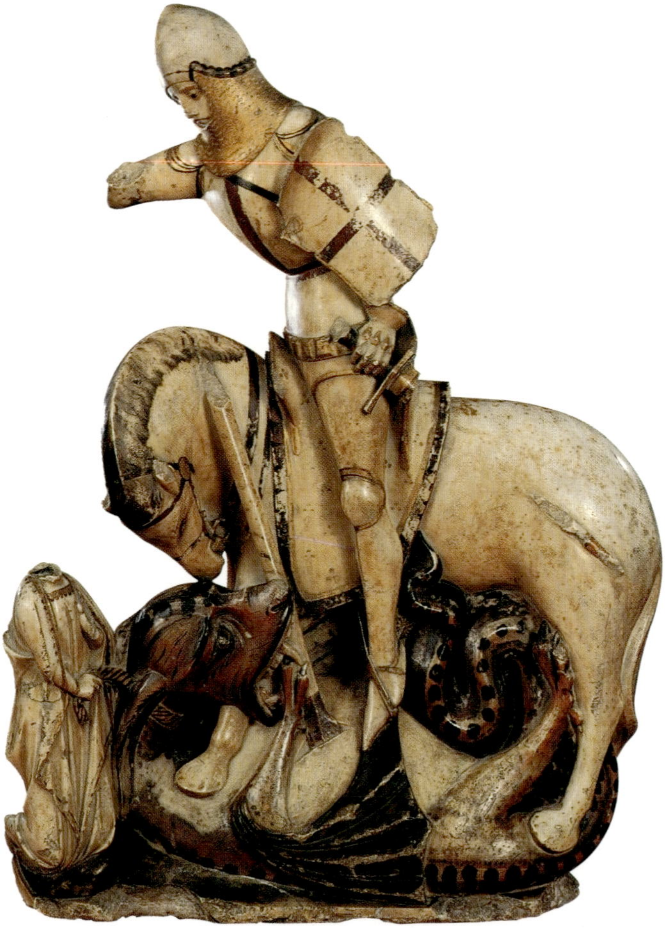

Rogier van der Weyden | néerlandais, 1399/1400–1464

10 ***Portrait d'une Dame*****,** vers 1460
Huile sur bois
Collection Andrew W. Mellon

L'intense émotion présente dans les tableaux de Rogier van der Weyden eut une énorme influence sur d'autres artistes néerlandais. L'impression de la réalité psychologique du sujet est plus forte que celle de sa présence physique, malgré le style méticuleux du portrait. Cette femme a les yeux baissés, les doigts serrés nerveusement – ses pensées semblent ailleurs. Très concentrée, elle paraît pourtant détachée. Le motif fragile et élégant de triangles blancs lui confère une certaine abstraction et aide à la soustraire à la réalité. Puisqu'elle n'est pas en train de prier – pose typique des œuvres religieuses – il s'agit probablement d'un portrait indépendant. La pose de trois-quarts communique une plus forte individualité que le profil, couramment utilisé quelques décennies plus tôt, mais l'identité du modèle reste inconnue.

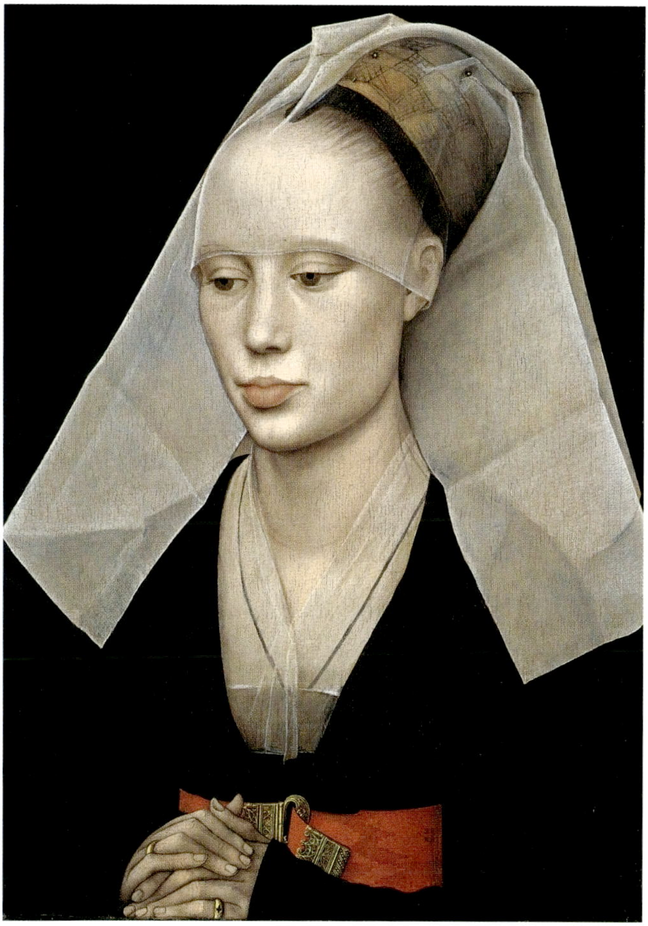

La représentation de l'Annonciation

Jan van Eyck | néerlandais, vers 1390–1441

Van Eyck fut parmi les premiers peintres à perfectionner les techniques de la peinture à l'huile, et à appliquer des pigments en fines couches translucides captant et reflétant la lumière. On a du mal à croire que ce que nous voyons n'est que du jaune et non de l'or, de la peinture et non des perles.

C'est cette capacité étonnante à créer l'illusion du réel – expérience limite du point de vue optique – qui ancre la peinture de van Eyck dans le présent. La précision de ses œuvres contribue à donner l'impression que le monde représenté n'est qu'une continuation du nôtre. C'est un style qui reflétait – et soutenait – la *devotio moderna*, forme de piété emphatique, née aux Pays-Bas à la fin du Moyen Age, qui mettait l'accent sur l'identification directe et personnelle avec les personnages saints.

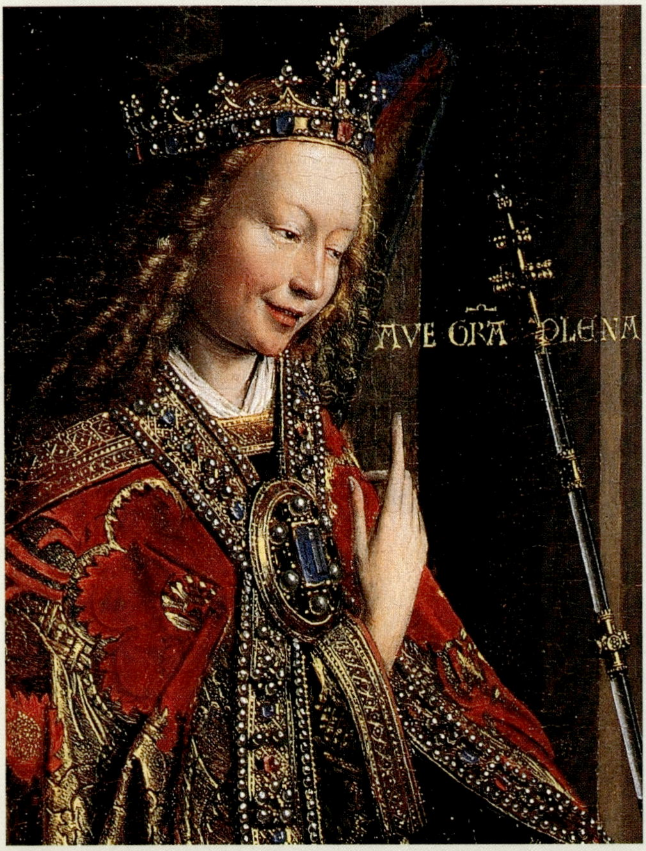

11 ***L'Annonciation*****,** vers 1434/1436
Huile sur bois transposée sur toile
Collection Andrew W. Mellon

Surprise par l'apparition de Gabriel et son salut : *Ave gratia plena* [Je vous salue, pleine de grâce], Marie, pudique, fait un geste de recul. Sa réponse est écrite à l'envers, pour que Dieu la voie : *Ecce ancilla Domini* [Voici la servante du Seigneur]. L'ange a annoncé à Marie qu'elle allait porter le fils de Dieu, et elle a accepté ce rôle. Le Saint-Esprit est figuré par sept rayons de lumière qui convergent sur la Vierge.

Pour les chrétiens, c'est à ce moment précis que Dieu concrétise sa volonté de sauver le monde – scène que les fidèles des Pays-Bas du XVe siècle voyaient jouée dans leur église chaque année à Noël. Durant la Messe d'or, au moment de lire l'évangile (selon saint Luc, qui fait le récit de l'Annonciation), de jeunes garçons au doux visage incarnant Gabriel et Marie s'avançaient. Le premier tendait un sceptre en prononçant les paroles de l'ange, telles qu'elles figurent sur ce tableau. Les mains tendues et ouvertes en signe de prière et de bénédiction, le garçon qui représentait la Vierge lui répondait humblement. Tout comme dans le tableau de van Eyck, on faisait descendre une colombe. Cette Annonciation, qui a lieu dans une église, est si proche

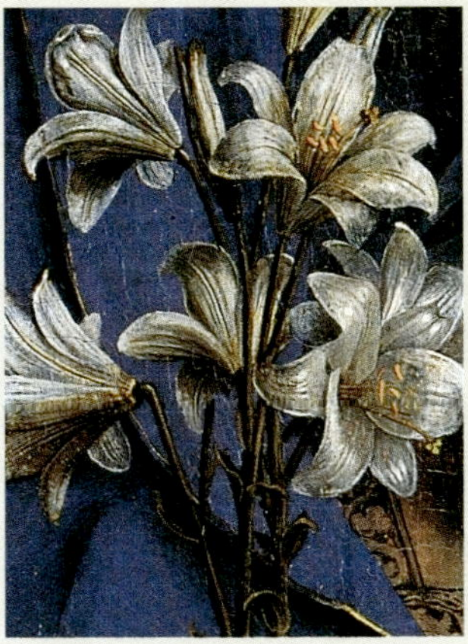

des mises en scène de la Messe d'or que le lien devait être évident pour les contemporains de l'artiste.

Le tableau comporte plusieurs symboles. Les lis font référence à la pureté de la Vierge ; les motifs du sol représentent la vie de Jésus telle qu'elle est préfigurée dans l'Ancien Testament ; les sept rayons de lumière convergeant sur la Vierge symbolisent les sept dons de l'Esprit-Saint. L'architecture – voûtes romanes aux étages supérieurs, voûtes gothiques au-dessous – marque la transition de l'ancienne Loi à l'ère de grâce inaugurée par la venue du Christ et sa résurrection. La dimension des personnages, qui ne respecte pas l'échelle, a probablement, elle aussi, une valeur symbolique : elle souligne l'importance de la Vierge intercédant en faveur des prières des hommes, et établit une identité entre Marie et l'Eglise.

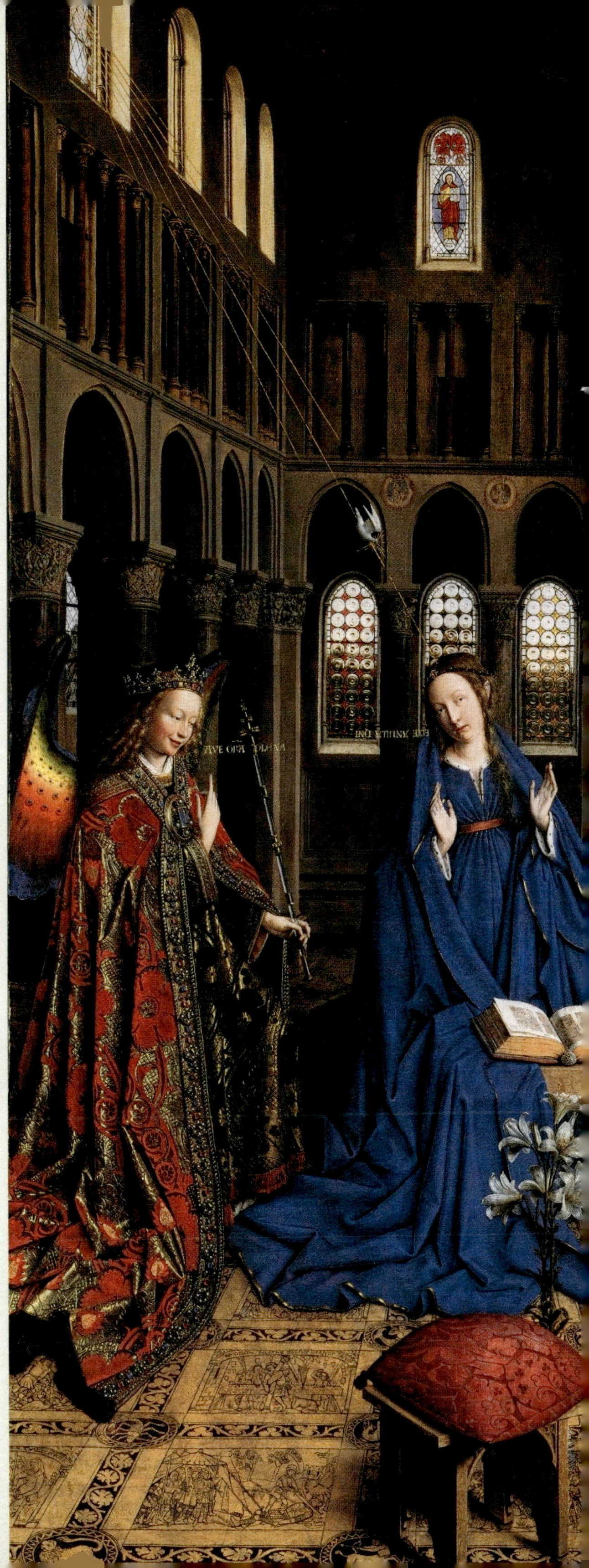

Matthias Grünewald | allemand, vers 1475/1480–1528

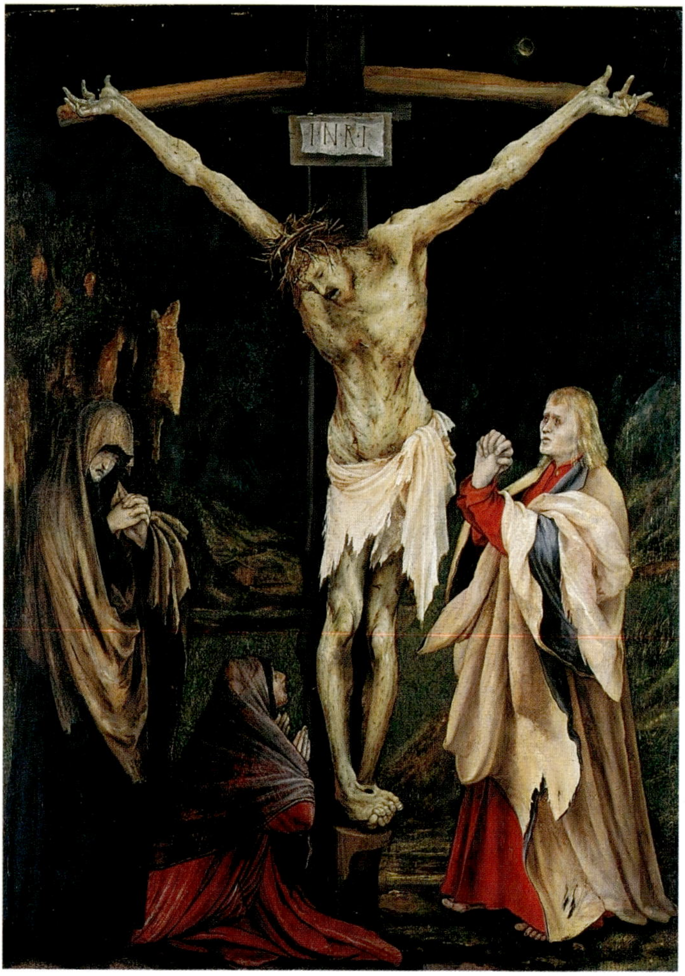

12 *La Petite Crucifixion*, vers 1511/1520
Huile sur bois
Collection Samuel H. Kress

Ses doigts et ses orteils sont tordus de douleur. Le poids mort de son corps gangrené a fait plier les bras de la croix. Grünewald veut nous faire partager de manière viscérale l'ultime souffrance du Christ. La lumière sinistre, les couleurs dures et les lambeaux dont il est recouvert – tout concourt à nous faire ressentir la douleur du Christ et la terrible peine de Marie-Madeleine et de Saint-Jean Baptiste. Nombre des détails de cette scène correspondent aux descriptions visionnaires que Sainte Brigitte de Suède (morte en 1373) a données de la Passion. Cette identification au Christ, intense et personnelle, annonce le nouveau type de piété qui verra le jour en Europe du Nord dans les années précédant la Réforme protestante. En Allemagne, elle a un fort caractère mystique que traduit bien l'intensité expressive des images de Grünewald.

Adriaen de Vries | florentin, 1556–1626

13 ***L'Empire triomphant de l'Avarice***, 1610
Bronze
Collection Widener

Dans cette allégorie où l'Empire brandissant la couronne du vainqueur triomphe de l'Avarice débordant de richesses, celle-ci est représentée avec des oreilles d'âne – tel l'avare et stupide roi Midas. L'interaction entre ces personnages imposants est puissante et dynamique, de même leur mouvement tournoyant. Même la lumière qui se reflète sur le bronze paraît mouvante. Né aux Pays-Bas, de Vries étudia et travailla en Italie, et la complexité étudiée de sa statuette témoigne de l'influence de Michel-Ange et de Giambologna.

L'œuvre fut réalisée pour Rodolphe II, empereur des Habsbourg à Prague. Le curieux thème du triomphe sur l'avarice est probablement lié à la précarité de la situation politique et financière de l'empereur, qui avait des difficultés à financer ses guerres contre les Turcs. Rodolphe rejetait la responsabilité de ses échecs politiques sur ses vassaux et alliés qui lui procuraient à regret un soutien financier insuffisant. Admirant cette statuette dans son cabinet de travail, il contemplait une victoire qui lui avait toujours échappé dans la réalité.

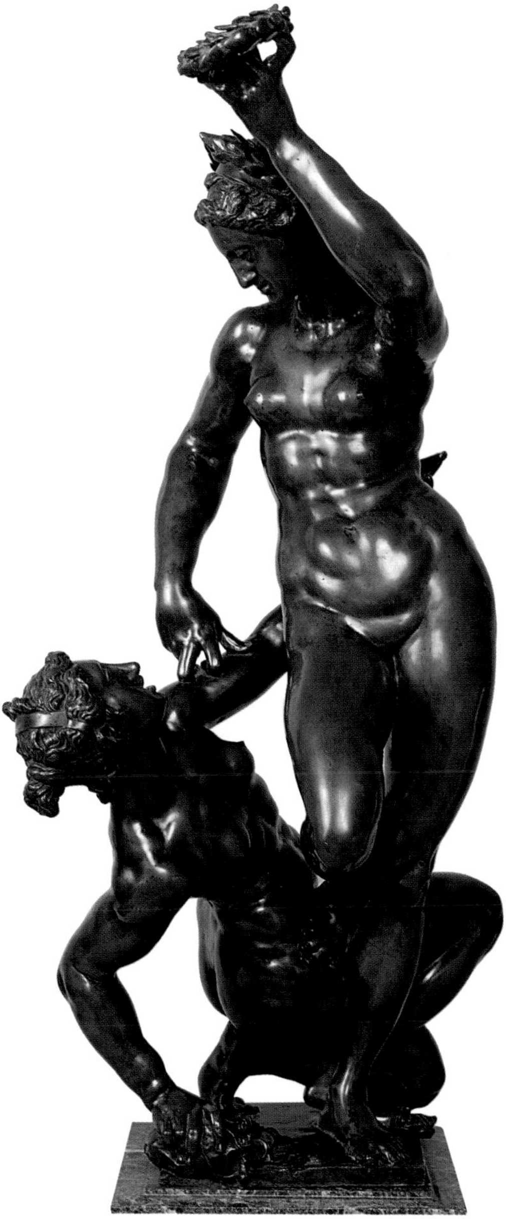

Orazio Gentileschi | florentin, 1563–1639

14 ***La Joueuse de luth***, vers 1612/1620
Huile sur toile
Fonds Ailsa Mellon Bruce

Quelle intensité dans la manière dont cette jeune fille accorde son luth ! Pareille intensité se retrouve parfois dans les allégories de la musique ou de l'ouïe. Mais la musique est aussi là pour séduire, et le corsage dénouée de la jeune fille et le rouge de ses joues laissent penser que la musique la transporte autant que l'amour.

Les thèmes musicaux comme celui-ci plaisaient beaucoup aux mécènes raffinés de Gentileschi à Rome, où Caravage les avait rendus populaires. Gentileschi, qui fut l'un des premiers artistes à adapter les sujets et le style dramatique de Caravage, fut aussi parmi les plus originaux. L'influence de Caravage est visible dans le fort contraste entre l'ombre et la lumière et dans l'importance accordée à un personnage unique, de grande dimension et proche du premier plan du tableau. Ici, l'originalité de Gentileschi réside dans la puissante disposition en diagonale et dans le traitement attentif de chaque texture : tissus soyeux et riches, instruments en bois superbement patinés et chevelure de la femme brillante et vivante.

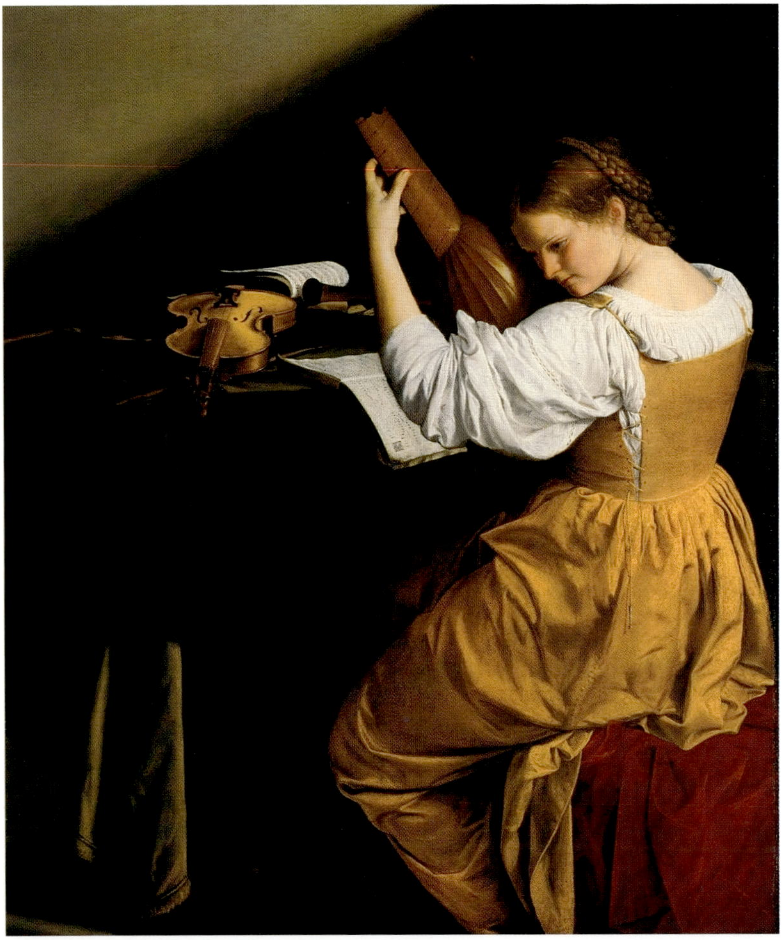

Gian Lorenzo Bernini | romain, 1598–1680

15 ***Monsignor Francesco Barberini***, vers 1623
Marbre
Collection Samuel H. Kress

La pierre d'un blanc pur suggère pourtant un soupçon de bleu sous les yeux du monsignor. Son grain, qui reste volontairement visible, chiffonne quelque peu son surplis de lin. Ce que le peintre accomplit grâce aux divers pigments, Bernini le traduit en variant les plans et les textures du marbre sculpté. C'était selon lui la tâche la plus difficile : « Si un homme blanchissait ses cheveux, sa barbe, ses lèvres et ses sourcils, et si c'était possible, ses yeux, même ceux qui le voient quotidiennement auraient du mal à le reconnaître ».

Francesco Barberini étant mort de longues années avant la réalisation de cette œuvre, il est probable que ce buste fut sculpté d'après un tableau. C'est sans doute le Pape Urbain VIII, ami et principal mécène de Bernini, qui lui en fit commande. Barberini était l'oncle et le mentor du pape. La réserve quelque peu austère du buste diffère de l'émotion plus grande des portraits plus tardifs de Bernini – l'artiste ayant sans doute cherché à refléter la gravité convenant à un portrait ancestral et à sa réalisation posthume.

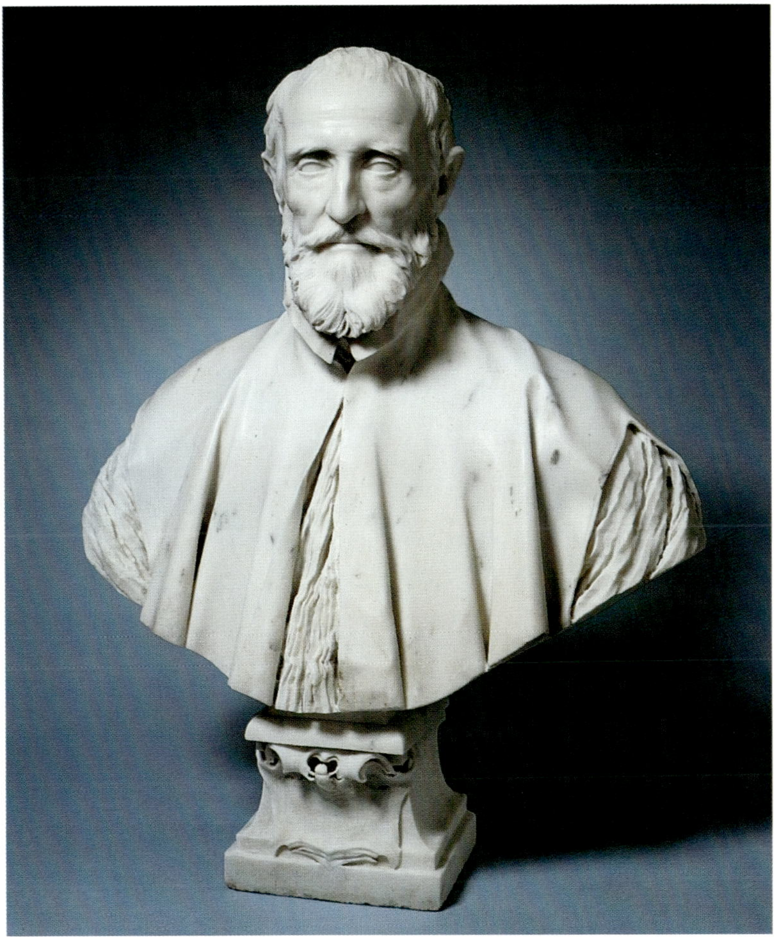

Un style personnel, très original

El Greco | espagnol, 1541–1614

Après avoir reçu une formation de peintre d'icônes, El Greco – le Grec – apprit à peindre dans le style occidental à Venise et à Rome. A Venise lui vint l'amour des couleurs riches et de l'esquisse. A Rome, il fut influencé par le maniérisme, style qui privilégiait l'artifice aux dépens du réalisme – silhouettes étirées, espace comprimé, poses enchevêtrées et couleurs inattendues.

Dès 1577, El Greco s'installa en Espagne où il vécut le reste de sa vie, travaillant surtout pour des hommes d'église érudits. Son style très particulier offrait de puissantes images propres à soutenir la Contre-Réforme qui tentait de raviver la foi dans les sacrements et les saints. A Tolède, El Greco continua à rechercher, voire à intensifier les éléments maniéristes de son style, à l'heure où ses contemporains revenaient à un plus grand naturalisme. Son œuvre – qui donne une impression de « modernité » – est fermement ancrée dans l'art du XVIe siècle.

Ces personnages semblent flotter dans l'espace. Martine et Agnès dirigent le rayonnement divin de la Vierge et de l'Enfant vers les fidèles en bas tandis que le cheval de saint Martin semble prêt à envahir l'espace du spectateur.

Les deux œuvres, l'une des commandes les plus importantes d'El Greco, furent réalisées pour Martìn Ramìrez, fondateur de la chapelle où elles furent exposées. Martin de Tours, le saint patron de Ramìrez, était un soldat de la France romaine qui coupa son manteau en deux pour le partager avec un mendiant rencontré en chemin. Plus tard, le Christ apparut à Martin, vêtu du même manteau. El Greco transpose la scène à Tolède et donne au saint du IVe siècle une armure damasquinée contemporaine. Ces changements suggéraient que, à l'instar de Martìn Ramìrez, le peuple de Tolède devait se montrer plus charitable.

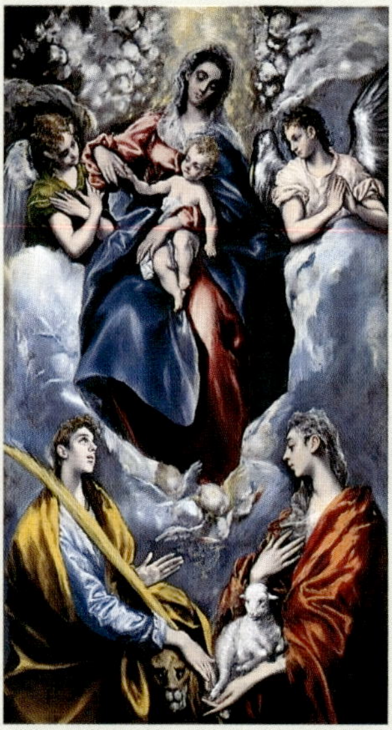

16 ***Madone et enfant avec sainte Martine et sainte Agnès***, 1597/1599
Huile sur toile
Collection Widener

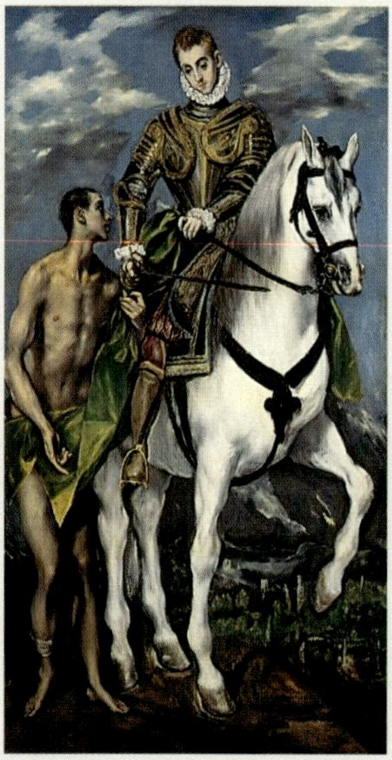

17 ***Saint Martin et le Mendiant***, 1597/1599
Huile sur toile
Collection Widener

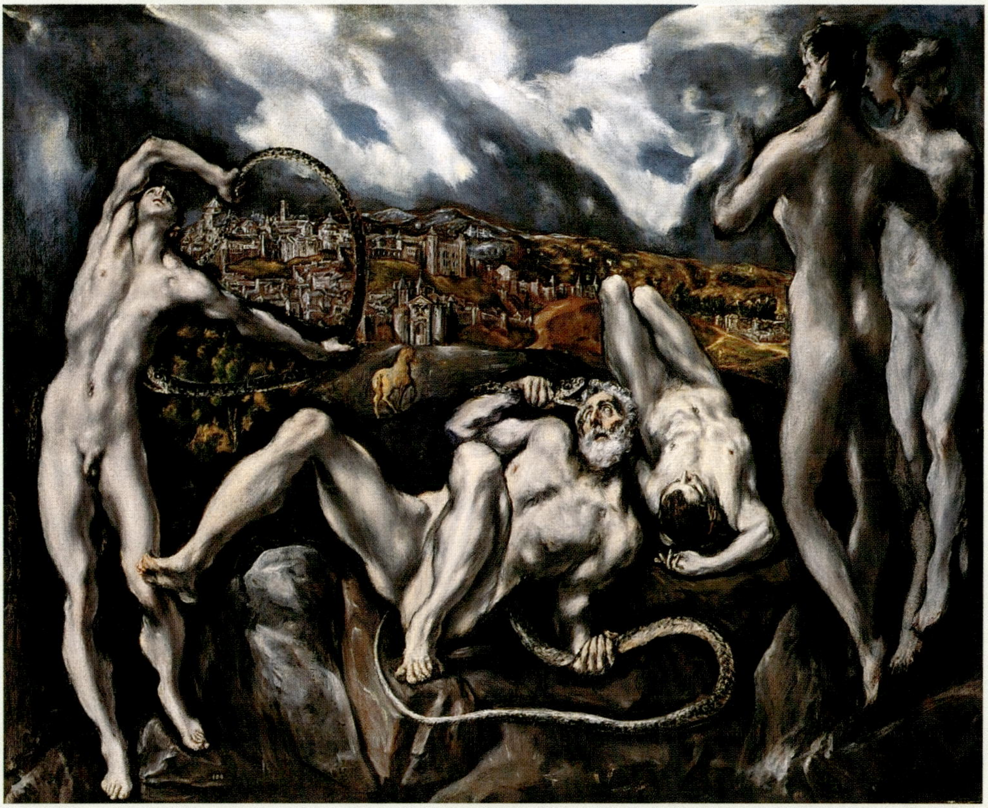

18 ***Laocoon***, 1610/1614
Huile sur toile
Collection Samuel H. Kress

Il semble que Laocoon soit le seul personnage de la mythologie classique peint par El Greco, et ce, à la fin de sa vie. Cette toile fait partie d'une série d'œuvres représentant Laocoon, trouvées dans l'atelier du peintre à sa mort.

Laocoon est le prêtre qui tenta d'avertir les Troyens de ne pas accepter le cheval de Troyes dans lequel étaient cachés les soldats grecs. Il fut puni par les dieux qui – pour des raisons qui varient selon les versions – envoyèrent des serpents de mer pour le tuer, lui et ses fils. Dans ce tableau – généralement considéré comme un de ses derniers chefs-d'œuvre – El Greco dépeint une scène terrible : l'un des fils de Laocoon est mort, l'autre ne tardera pas à succomber. Le vieux prêtre lutte en vain. Sa chair est entièrement peinte dans des tons de gris, sauf là où s'exprime son incrédulité muette devant l'abandon des dieux. Au second plan, le cheval de Troyes est acheminé non pas vers Troyes mais vers Tolède.

A droite, deux personnages, des dieux peut-être, observent la scène. (On devine un troisième personnage dont seules la tête et une jambe sont ébauchées.) Cette présence spectrale complique encore les spéculations quant aux raisons ayant poussé El Greco à peindre cette scène hors du commun.

Georges de La Tour | français, 1593–1652

19 ***La Madeleine repentante***, vers 1640
Huile sur toile
Fonds Ailsa Mellon Bruce

C'était une grande pécheresse qui, à force de pénitence et de contemplation, reçut « la lumière de la parfaite connaissance ». Jésus pardonna à Marie-Madeleine, qui transmit alors aux autres la lumière de Dieu. C'est cette lumière, la lumière de la vérité divine, que peignit Georges de La Tour.

L'unique lampe illumine seulement la contemplation tranquille de la sainte et quelques objets sur la table. La majeure partie de la scène est plongée dans l'obscurité et notre attention se concentre sur un livre, un crâne et leur pâle reflet dans un miroir. Un contraste aussi marqué entre l'ombre et la lumière – style qui trouve son origine dans l'œuvre du peintre italien Caravage – permettait de donner plus de poids aux images religieuses de la Contre-Réforme. Le crâne, le miroir et la flamme vacillante sont autant de symboles traditionnels de la brève illusion que sont le savoir et la vie de l'homme sur terre.

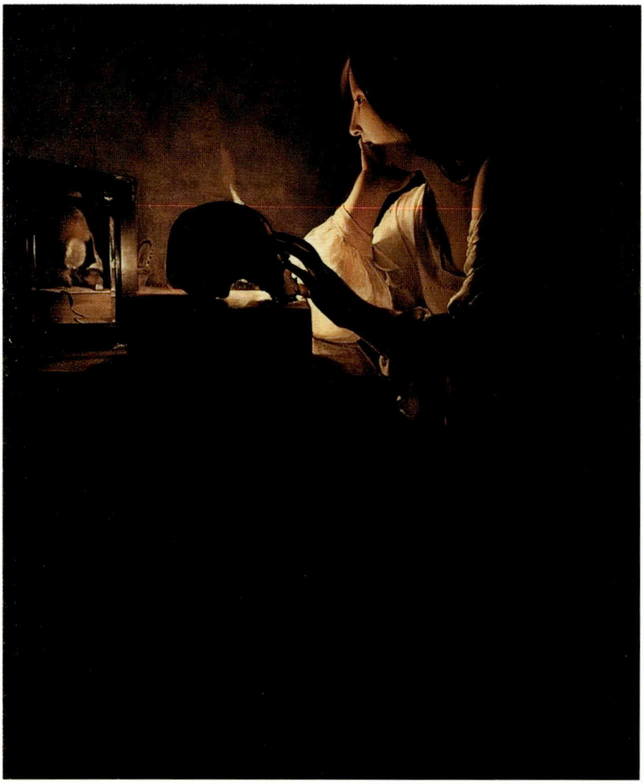

Bartolomé Esteban Murillo | espagnol, 1617–1682

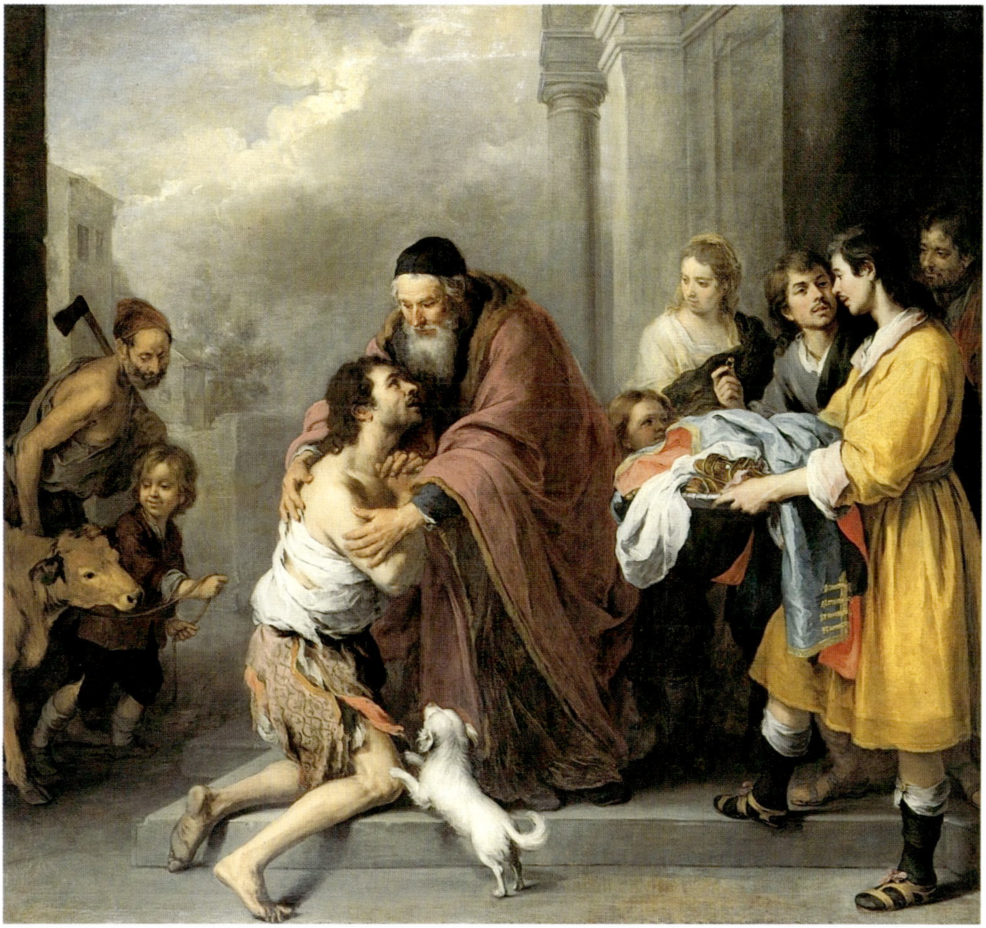

20 ***Le Retour du fils prodigue***, 1667/1670
Huile sur toile
Don de la Fondation Avalon

Les œuvres représentant le fils prodigue s'articulaient généralement autour des thèmes du pardon et de la résurrection, mais celle-ci a une nouvelle dimension. Un fils, ayant dilapidé sa fortune dans une vie de débauche, retourne chez son père en demandant à celui-ci de le prendre comme serviteur. Emu, son père dit à ses domestiques : « Qu'on lui apporte les vêtements les meilleurs, qu'on l'habille et lui mette un anneau au doigt et des chaussures aux pieds ; et qu'on sorte le veau gras… mon fils était mort et le voici ressuscité ; il était perdu et le voici retrouvé ».

Tous ces éléments apparaissent dans la scène dramatique de Murillo, une des six toiles qu'il peignit pour la Hermandad de la Cáridad, confrérie laïque œuvrant à la charité. Murillo en était lui-même membre. Chaque tableau illustre un des six actes de miséricorde. Celui-ci – où le fils est encore revêtu de ses anciens habits en lambeaux et où les couleurs les plus vives sont réservées aux étoffes – représente également l'action de vêtir ceux qui sont nus.

Pierre Paul Rubens | flamand, 1577–1640

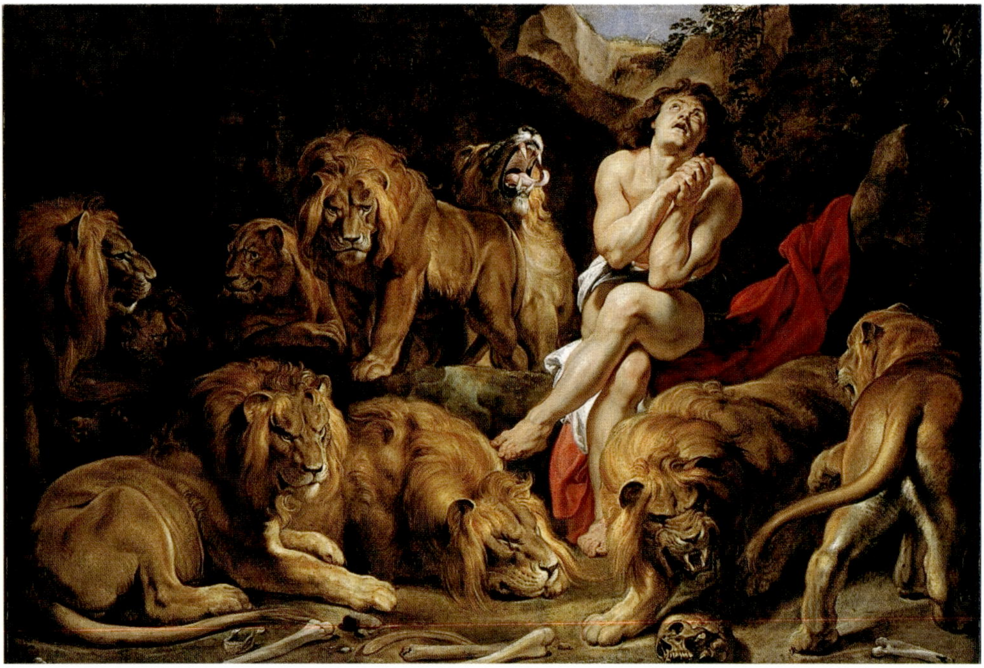

21 ***Daniel dans la fosse aux lions***, vers 1613/1615
Huile sur toile
Fonds Ailsa Mellon Bruce

Avant de rentrer chez lui à Anvers en Flandres, Rubens perfectionna son art pendant huit ans en Italie (1600–1608), où la sculpture antique et la grandeur de la Renaissance italienne firent forte impression sur lui. *Daniel dans la fosse aux lions* illustre brillamment le génie expressif de Rubens, notamment par la manière dramatique dont il se sert de l'espace, de la couleur et de l'échelle pour souligner la tension à la fois physique et psychologique de la scène. Le personnage central de Daniel, jeté dans la fosse aux lions par le roi Darius, est peint avec une telle intensité musculaire et sculpturale qu'il en fait presque trembler la toile. Les lions, peints d'après modèles vivants, sont d'un réalisme impressionnant. David est entouré de ces superbes animaux rugissants, agités ou, heureusement, immobiles. La pâle lumière qui éclaire la fosse du dessus indique l'approche de l'aube, et avec elle, l'espoir du salut pour Daniel. Rubens a choisi ce moment de l'histoire de l'Ancien Testament pour souligner l'importance de la foi et du stoïcisme, qualités particulièrement prisées dans les Flandres catholiques. Un nettoyage du tableau a révélé un léger filet de sang maculant les dents du lion rugissant, suggérant ainsi un récent carnage dans la fosse.

Rembrandt van Rijn | hollandais, 1606–1669

22 ***Un Noble polonais***, 1637
Huile sur bois
Collection Andrew W. Mellon

C'est à Leiden où il était né et avait acquis les bases de son éducation artistique que Rembrandt travailla comme portraitiste et peintre historique avant de s'installer à Amsterdam. Comme aujourd'hui, Rembrandt fut admiré tout au long de sa carrière pour la façon dont il parvenait à rendre l'intériorité de ses sujets – à créer, par son tempérament et son style, une forte impression de vérité ou de profondeur psychologique.

Rembrandt fuyait l'idéal et était au contraire attiré par l'authenticité. Malgré la peau d'ours et le beau manteau que porte son noble polonais, par exemple, Rembrandt réussit à traduire une certaine vulnérabilité dans l'expression inquiète de son visage – notamment dans la bouche (légèrement entrouverte) et dans la tête (inclinée comme prête à poser une question). La délicatesse du portrait est exacerbée par l'exquise gamme de techniques employées par Rembrandt. Le visage du modèle est réalisé en impasto, une épaisse peinture à l'huile qui donne du relief et permet à l'ombre et à la lumière de définir les rides du visage et du front. Pour représenter l'épaisse fourrure du manteau, Rembrandt utilise une technique différente – une fine couche de peinture aux traits de pinceau étirés et bien visibles. Pour ajouter encore de la texture tout en dévoilant le travail de sa main, Rembrandt révèle par endroits le fond ocre en essuyant au chiffon la peinture fraîche de la veste et en grattant avec l'extrémité en bois de son pinceau celle du chapeau de castor. L'effet obtenu est celui d'un personnage imposant mais empreint d'humanité. Malgré son titre, il est probable que ce portrait recherché représente Rembrandt lui-même.

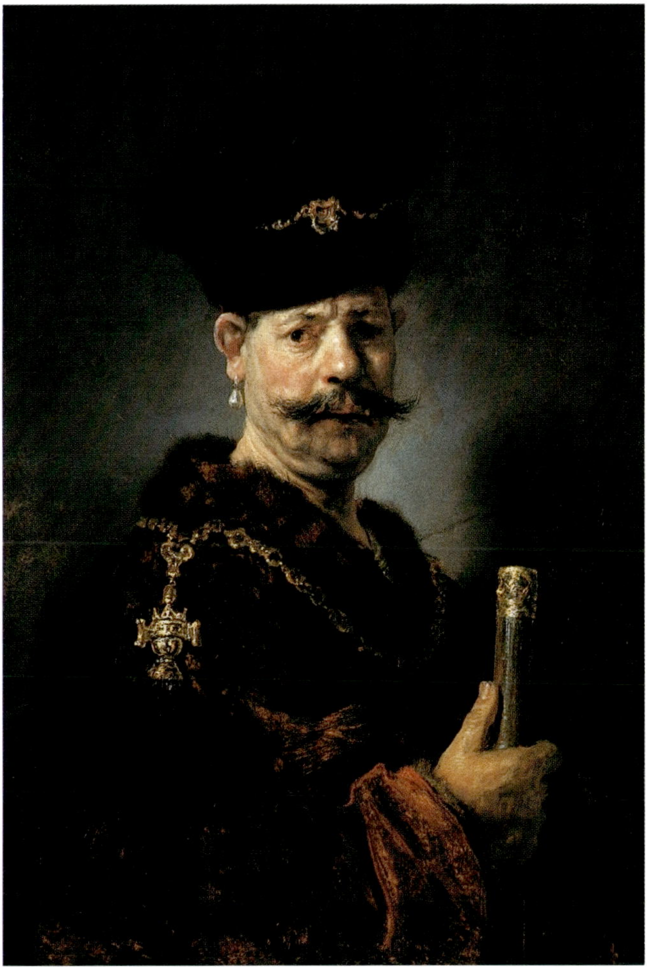

Anton van Dyck | flamand, 1599–1641

23 ***La Reine Henriette-Marie et Sir Jeffrey Hudson*****, 1633**
Huile sur toile
Collection Samuel H. Kress

A l'âge de quinze ans, Henriette-Marie, jeune princesse française élevée dans le palais du Louvre, épouse Charles Ier, roi d'Angleterre. Cette union, destinée à réunir la France et l'Angleterre à une période troublée de leur histoire, connaît des débuts difficiles. Voici Henriette-Marie huit ans plus tard. Charles, d'abord méfiant, est désormais entièrement dévoué à sa fougueuse épouse. C'est donc au portraitiste de renommée internationale Anton van Dyck qu'il fait appel pour la représenter.

Le peintre flamand van Dyck était une brillante étoile au firmament de l'aristocratie européenne, un rouquin jovial qui s'habillait et vivait aussi richement que ses mécènes. Les portraits de van Dyck flattaient le modèle et reflétaient sa condition sociale élevée. Ce portrait d'Henriette-Marie illustre cet équilibre délicat, justification utile de son statut royal. Bien que décrite par ses contemporains comme une créature de très petite taille, aux épaules de travers et aux dents en avant, Henriette-Marie devint sous le pinceau de van Dyck une femme imposante, gracieuse et belle. Il souligna la perfection de son teint et la délicatesse de ses mains, et la grandit en la peignant d'un point de vue avantageux et accompagnée du nain Sir Jeffrey Hudson. La beauté exquise des tissus – satin bleu, velours rouge et damas or – lui donnent une superbe prestance. Seize ans plus tard, Henriette-Marie devait être exilée au Louvre et son époux décapité, suite à une terrible guerre civile. Les portraits royaux suggèrent rarement l'insécurité de la vie des têtes couronnées !

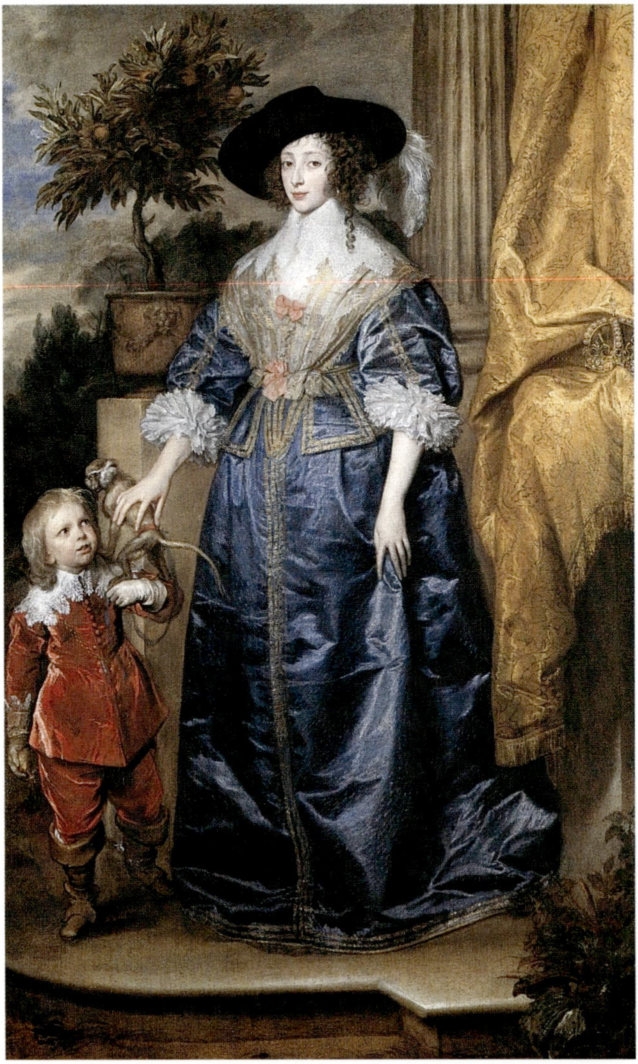

Johannes Vermeer | hollandais, 1632–1675

24 *Jeune femme écrivant une lettre*, vers 1665
Huile sur toile
Don de Harry Waldron Havemeyer et Horace Havemeyer, Jr., en mémoire de leur père, Horace Havemeyer

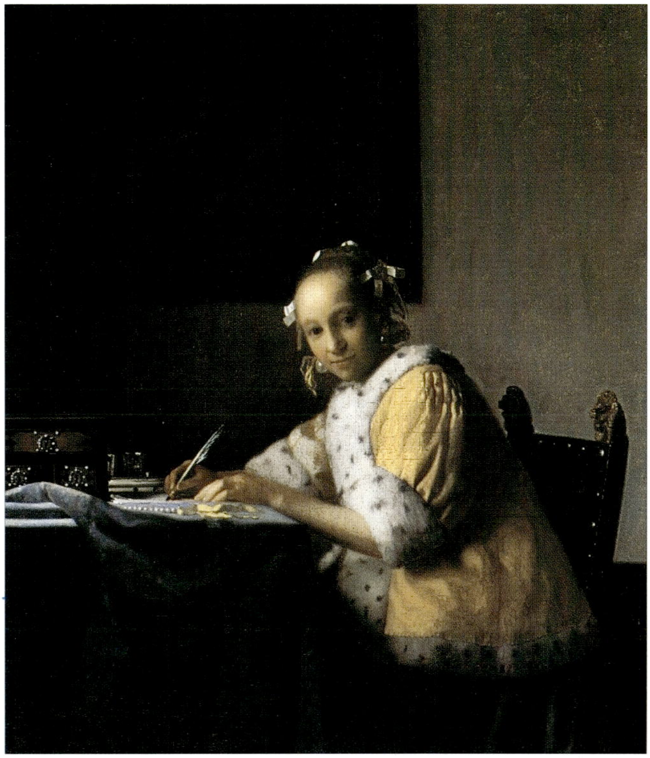

Telle une chandelle, la *Jeune femme écrivant une lettre* de Vermeer fascine. La main et la plume encore sur le papier, elle lève les yeux et semble personnifier dans son regard chaleureux la bienheureuse présence de l'amour. Le tableau au mur prolonge l'émotion délicate de la scène. Il s'agit d'une nature morte à peine visible représentant des instruments de musique, lesquels, tout comme l'écriture de lettres, étaient associés à l'amour dans l'art hollandais du XVIIe siècle. Mais c'est surtout l'équilibre de la lumière, de la composition et de la couleur qui, dans sa perfection, confère à l'image toute sa teneur romantique.

La lumière caresse l'encrier, les perles, l'écritoire et le tapis de table en velours bleu, puis illumine la femme. Les zones d'ombre qui l'entourent soulignent l'intimité de la scène. La composition est très adroite. Si la table et le tableau forment les grands axes horizontaux et verticaux de l'œuvre, les diagonales, elles, jouent un rôle crucial. Par son mouvement, son bras en évidence et l'angle de sa chaise, la femme semble barrer la composition d'une croix, insufflant à l'espace une qualité humaine. Les couleurs sont sans doute l'élément le plus merveilleux du portrait. En variant la densité et la touche, et en appliquant sa peinture en couches complexes, Vermeer évoque superbement le reflet du collier de perles (fine couche grise rehaussée d'une épaisse touche d'huile couleur crème) ou le soyeux de la veste de satin (deux préparations de jaune de plomb-étain, appliquées, l'une grossièrement moulue pour le satin, l'autre moulue plus finement et aussi plus pâle, pour les rehauts du plissé de la manche). La veste jaune du tableau figure dans l'inventaire des biens de Vermeer, réalisé à sa mort.

Les natures mortes hollandaises

Bien que figurant au plus bas de la hiérarchie de l'art néerlandais du XVIIe siècle, les natures mortes étaient extrêmement appréciées. Exécutées par les plus grands artistes, elles se vendaient à prix d'or. Ces « simples » images de fleurs et de mets plaisaient pour diverses raisons.

Ars longa... Dans les années 1600, les peuples d'Europe du Nord n'avaient guère l'occasion de voir des fleurs en hiver. Peintes, on pouvait alors les admirer toute l'année. Leur caractère permanent traduit l'idée qu'on se faisait de l'art au XVIIe siècle : il durait plus longtemps que la nature.

...vita brevis. Pourtant, les tableaux de fleurs et de banquets soulignaient aussi la brièveté de la vie, et le public hollandais avait l'habitude de lire des significations morales dans les images visuelles. Plats précairement placés au bord d'une table, verres cassés, reliefs de repas et fruits trop mûrs – autant de symboles familiers du caractère éphémère de la vie. Tout comme les insectes dévoreurs et les fleurs fanées.

Les peintres de natures mortes atteignaient souvent un degré d'illusion étonnant. L'expression hollandaise *naer het leven* signifiait « d'après modèle vivant » et il n'était pas rare qu'un peintre attende toute une saison qu'une espèce particulière soit en fleur. L'expression décrivait aussi l'œuvre comme étant « proche de la réalité », réalité parfois telle que les poètes louaient non seulement la beauté des bouquets peints mais aussi leur parfum.

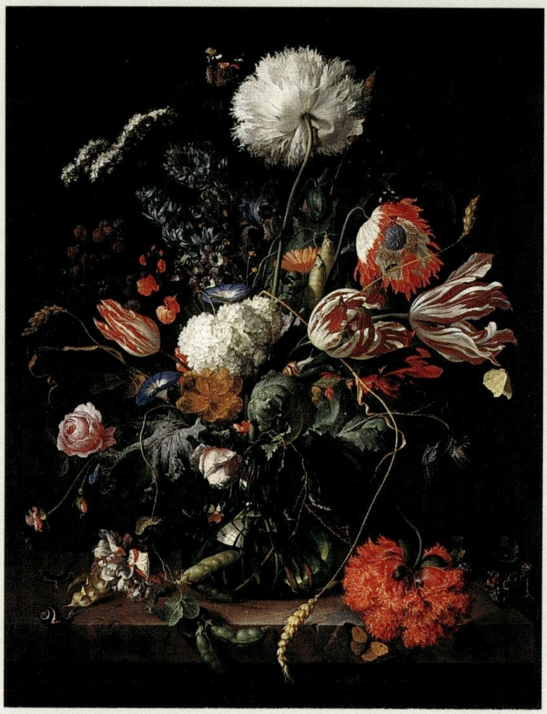

25 Jan Davidsz. de Heem, hollandais, 1606–1683/1684
Vase de fleurs, vers 1660
Huile sur toile
Fonds Andrew W. Mellon

Bien que le souci de vérité cher à de Heem se retrouve chez de nombreux artistes de l'époque, rares sont ceux qui furent capables de recréer la présence tangible des objets. Tous les sens du spectateur sont sollicités : la vue, l'odeur et même le toucher. On imagine aisément le soyeux des pétales de tulipe ou l'extrême minceur de ceux du coquelicot. Et pourtant, l'artiste ne se contente pas d'imiter. Le reflet en croix du vase n'est pas dû au hasard et de nombreux éléments peuvent s'interpréter de manière symbolique. Les papillons, par exemple, font référence à la Résurrection du Christ. De plus, ces fleurs – d'un réalisme saisissant – ne fleurissent pas toutes au même moment de l'année, et de Heem n'a donc pas pu voir ce bouquet dans la vie réelle. S'il est réalisé d'après une observation précise de la nature, il souligne aussi l'importance de l'imagination de l'artiste.

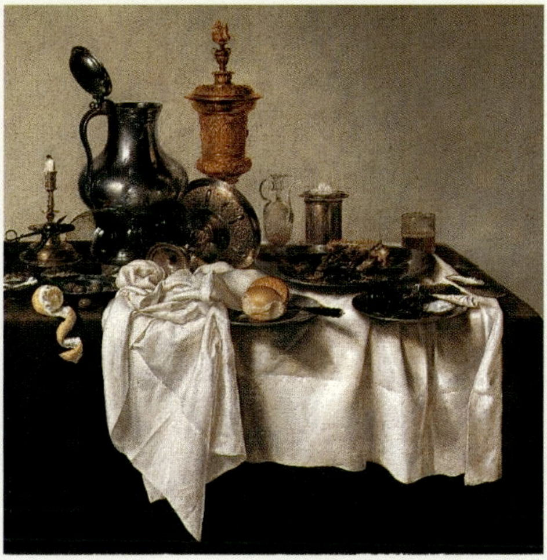

26 Willem Claesz. Heda, hollandais, 1593/1594–1680
Nature morte avec tarte au mincemeat, 1635
Huile sur toile
Fonds permanent du musée

C'est une des plus grandes toiles de banquet de Heda, et la taille des objets en accroît le réalisme. La pelure de citron et le manche du couteau semblent même crever la toile. Il ne s'agit pourtant pas des reliefs d'un véritable repas immortalisés par la peinture. Le public de l'époque aurait compris les symboles évidents du caractère éphémère de la vie – assiettes précaires, gobelets renversés et chandelle éteinte. En rappelant à l'homme sa mortalité, le tableau lui enjoint de se préparer au Jugement dernier. Les convives de Heda ont goûté aux mets exotiques et aux huîtres (généralement considérées comme aphrodisiaques) mais ils n'ont pas touché au pain, symbole de l'Eucharistie.

La palette restreinte – ici, aux couleurs fauves et chaleureuses – est caractéristique des natures mortes monochromes peintes entre 1620 et 1640. Les natures mortes hollandaises plus tardives sont beaucoup plus colorées.

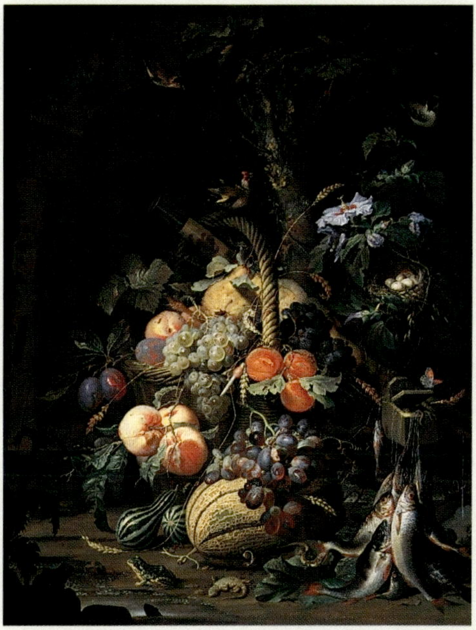

27 Abraham Mignon, hollandais, 1640–1679
Nature morte avec fruits, poissons et un nid, vers 1675
Huile sur toile
Don de M. et Mme H. John Heinz III

Ici sont réunis les fruits de la terre et de la mer, les créatures du ciel et de la terre. Le nid rempli d'œufs et le défilé de fourmis sur le lézard mort nous invitent à contempler le cycle de la vie à la mort. La diversité de la vie met en évidence la richesse de la création divine, et en y incluant le blé et le raisin, il est probable que Mignon faisait allusion à la Sainte Communion. Mais comment savoir si les symboles que le public « lisait » dans les natures mortes avaient tous été choisis par l'artiste ? La notion d'abondance possédait aussi une signification plus séculaire. Les espèces exotiques, les porcelaines commerciales et les coquillages rares représentaient pour les mécènes l'image de la puissance marchande de la Hollande et de leur propre réussite. Au départ, la nature morte – qui apparut presque simultanément en Italie, en Espagne et aux Pays-Bas – répondait au besoin de répertorier les nouvelles variétés de plantes et d'animaux rapportées des Indes et du Nouveau monde par les explorateurs.

Jean-Louis Lemoyne | français, 1666–1755

28 ***Une Compagne de Diane***, 1724
Marbre
Collection Widener

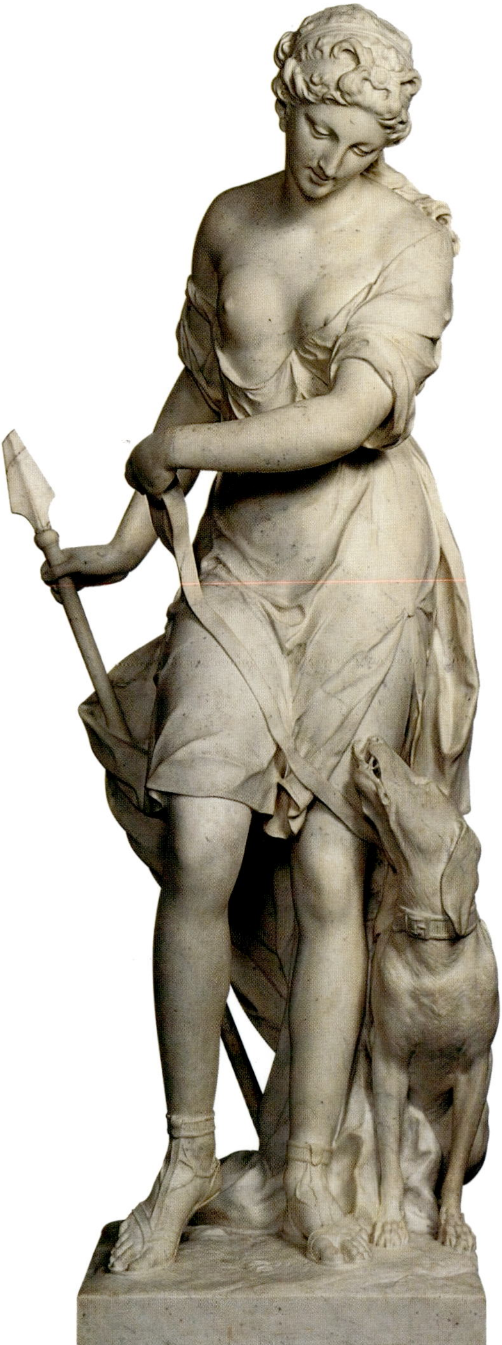

Cette compagne de Diane, aux membres longs et gracieux et à la pose de danseuse, paraît prête à partir pour la chasse. Tirant sur la laisse, la nymphe regarde avec affection le chien qui lèche sa cuisse nue. Cette intimité – teintée d'érotisme – est caractéristique du style rococo, dont Lemoyne fut l'un des premiers sculpteurs à adopter la délicate frivolité.

La statue exposée ici est probablement la plus belle œuvre de Lemoyne. Elle représente une des dix nymphes commandées en 1710 par Louis XIV à différents artistes. Elles étaient destinées à orner l'extérieur de son château de chasse préféré, celui de Marly. Il est probable que le thème sylvestre et l'atmosphère de Marly, où le roi venait se détendre loin du cérémonial de Versailles, ont incité Lemoyne à opter pour la légèreté. Ce projet, l'un des derniers du roi, languit jusqu'à sa mort. La statue trouva finalement sa place dans un château que fréquentaient Louis XV et sa maîtresse, Madame de Pompadour.

Jean Siméon Chardin | français, 1699–1779

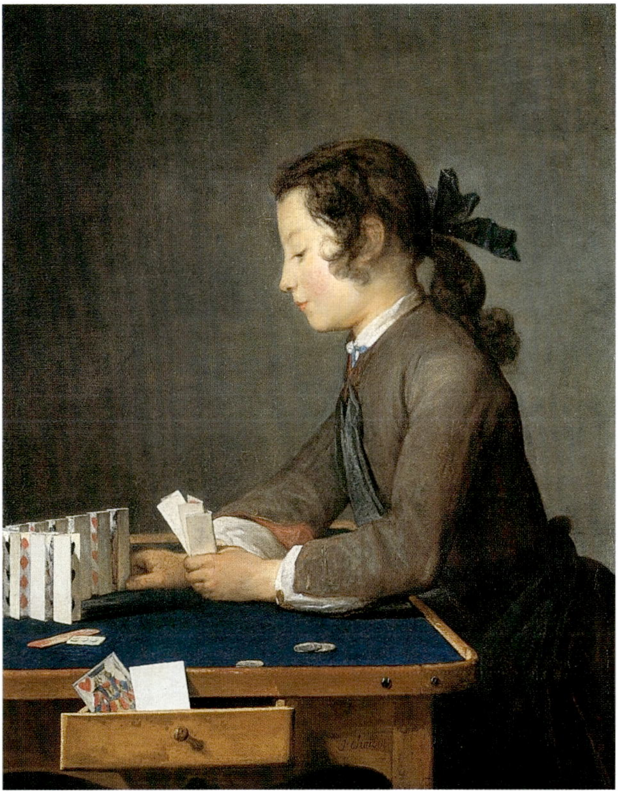

29 *Le Château de cartes*, vers 1735
Huile sur toile
Collection Andrew W. Mellon

Son tablier indique qu'il s'agit d'un écolier ou d'un serviteur, qui a probablement abandonné ses tâches le temps d'un jeu. Les cartes, courbées pour décourager les tricheurs, ont déjà servi à jouer, et le valet qui dépasse du tiroir ouvert suggère quelque friponnerie. Chardin est surtout célèbre pour ses natures mortes. Le calme et la sénérité, qui les caractérisent, se retrouvent dans le portait de ce garçon, absorbé par la construction de son château de cartes. Sa concentration tranche avec la trivialité et la futilité de son jeu – petite leçon de morale qui n'aurait pas échappé aux contemporains de Chardin.

Même message dans les *Bulles de savon* : des jeunes gens s'y évertuent à produire une bulle de savon, symbole communément reconnu de la fragilité de la vie.

Par contre, *La Nourrice attentive* est l'image même du sérieux et du devoir accompli.

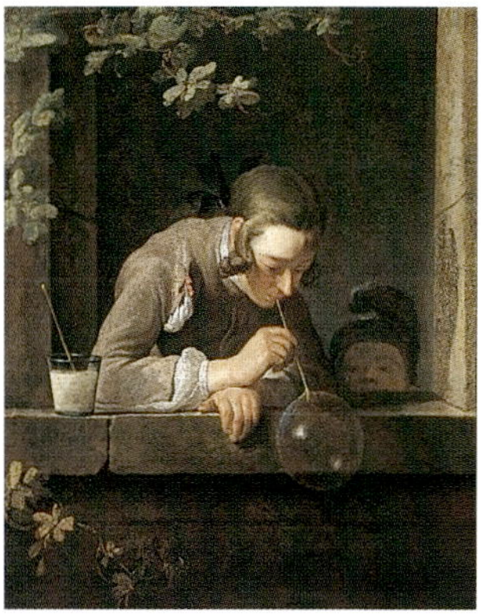

30 *Bulles de savon*, probablement 1733/1734
Huile sur toile
Don de Mme John W. Simpson

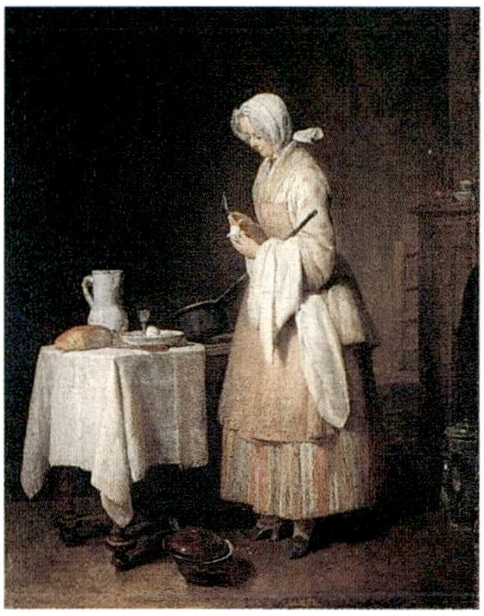

31 *La Nourrice attentive*, probablement 1738
Huile sur toile
Collection Samuel H. Kress

Le rococo

Lorsque Louis XIV s'éteignit en 1715, après un règne de plus de cinquante ans, la France était prête à accueillir un art cherchant à plaire plutôt qu'à impressionner. La grandiloquence avait bien servi les aspirations impériales du vieux roi, mais la vie de la cour allait maintenant se dérouler à Paris où le régent passait pour un homme de plaisirs. Les aristocrates commencèrent à faire construire des maisons de ville moins imposantes, qu'ils décoraient dans un nouveau style baptisé plus tard « rococo ». Le rococo aimait les couleurs pastel, les courbes sinueuses et les motifs de vigne, de coquillages et de fleurs. C'était un style personnel et intime, empreint de délicatesse et de charme et souvent marqué d'un érotisme badin. Il ignorait généralement les grands thèmes de la bible ou de l'Antiquité, au profit de sujets plus frivoles : amants de la mythologie, musiciens et troupes théâtrales, ou réunions de jeunes gens dans le cadre lyrique d'un jardin.

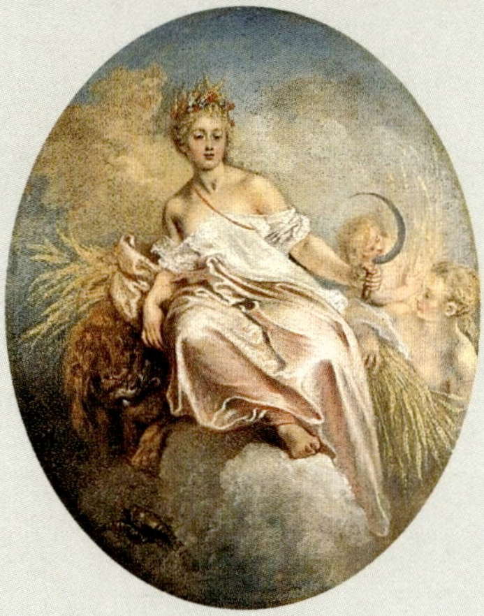

32 **Antoine Watteau**, français, 1684–1721
Cérès (L'Eté), 1715/1716
Huile sur toile
Collection Samuel H. Kress

Watteau fut le premier peintre à réunir tous les ingrédients du rococo – et ce tableau se situe à la frontière de l'ancien style et du nouveau. Il est probable que le croquis initial a été réalisé par un autre artiste, plus âgé ; la silhouette assez imposante de Cérès traduit une approche plus formelle. Ce sont l'éclat chatoyant et la fraicheur de la palette qui annoncent la manière plus libre du rococo et sa plus grande sensualité.

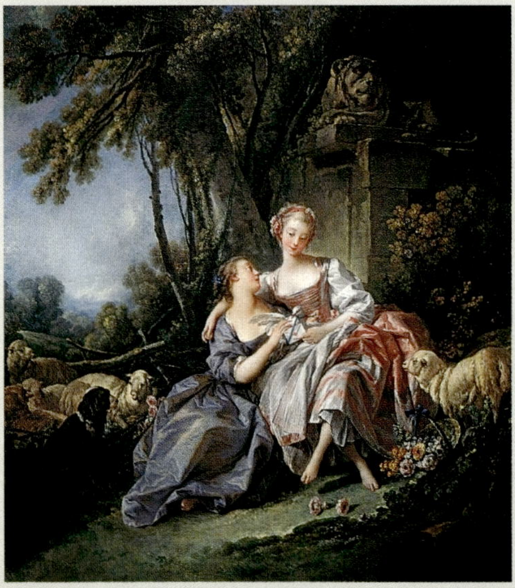

33 **François Boucher**, français, 1703–1770
La Lettre d'amour, 1750
Huile sur toile
Collection Timken

Il n'était pas rare que la vie à la campagne soit idéalisée au théâtre et de jeunes aristocrates tirés à quatre épingles organisaient même des mascarades sensées la représenter. Ici, les robes de soie ne laissent aucun doute sur l'identité de ces « bergères ». Et la lettre, apportée par une colombe, ne peut que contenir un message d'amour. Les orteils roses de la jeune femme étaient vraisemblablement d'un érotisme achevé pour les contemporains de l'artiste. *La Lettre d'amour*, à l'origine de forme ovale, fut commandée par Madame de Pompadour. Sous son mécénat, Boucher devint l'artiste le plus à la mode de France.

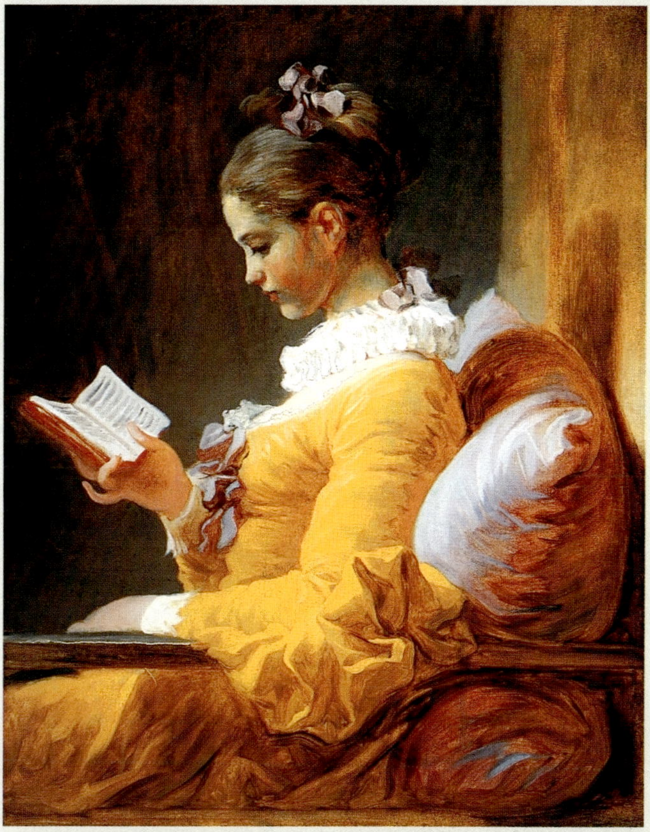

34 Jean-Honoré Fragonard, français, 1732–1806
Jeune fille lisant, vers 1776
Huile sur toile
Don de Mme Mellon Bruce en mémoire de son père, Andrew W. Mellon

Fragonard était l'élève le plus talentueux de Boucher. Il adopta les sujets légers de son maître mais les peignit dans un style plus libre. Ici, la robe de la jeune fille et le coussin sont créés à partir de mouvements d'une étonnante fluidité. Ses doigts naissent de rapides coups de pinceau et leurs couleurs, savant mélange de safran, de magenta et de lilas, surprennent. Fragonard s'est servi de l'extrémité en bois du pinceau pour égratigner la surface de la peinture de la fraise du col. C'est ce que ses contemporains appelaient « ses duels au pinceau ». Dans des œuvres aussi rapidement exécutées que celle-ci, son travail spontané remet en cause les distinctions traditionnelles entre esquisse et œuvre terminée, et c'est là le grand intérêt de son style.

Il est possible que Fragonard ait peint ce tableau pour son plaisir. Ce n'est pas tant le portrait d'une personne occupée à lire qu'une évocation d'une tranquille solitude.

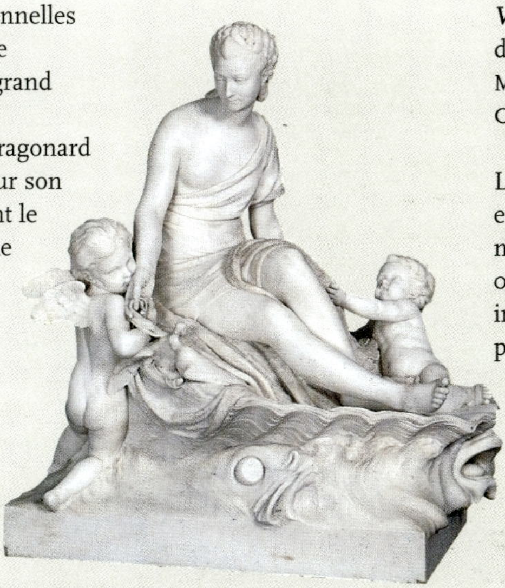

35 Etienne-Maurice Falconet, français, 1716–1791
Vénus aux colombes, date inconnue
Marbre
Collection Samuel H. Kress

Les sculpteurs répondirent eux aussi au désir de leurs mécènes de posséder des œuvres plus petites et plus intimes, comme cette Vénus, parfaite pour un salon.

Jacques-Louis David | français, 1748–1825

36 ***Napoléon dans son cabinet de travail***, 1812
Huile sur toile
Collection Samuel H. Kress

Il est plus de quatre heures du matin aux Tuileries et l'Empereur a travaillé une bonne partie de la nuit. David décrit lui-même la scène : « J'ai représenté [Napoléon] dans le moment de sa vie qui lui est le plus habituel, le travail ; il est dans son cabinet, ayant passé la nuit à composer son Code Napoléon… »

L'artiste eut à cœur d'expliquer que « tout jusqu'aux moindres détails du tableau, comme habillement, meubles, épée, etc., fut fait d'après les siens ». Cette prétention à l'exactitude sert à nous persuader que le tableau représente un lieu et un moment réels. La précision de la représentation confère au portrait une sorte d'authenticité.

Pourtant nous savons qu'il s'agit d'une habile mise en scène, une icône représentant le personnage public de Napoléon. Ainsi le fauteuil dessiné par David lui-même n'a jamais trouvé place dans le cabinet de travail de Napoléon. Et il est peu probable que Napoléon ait posé pour l'artiste, le portrait ayant été commandé par un noble écossais gagné à la cause française, à l'époque où l'Angleterre et la France étaient en guerre.

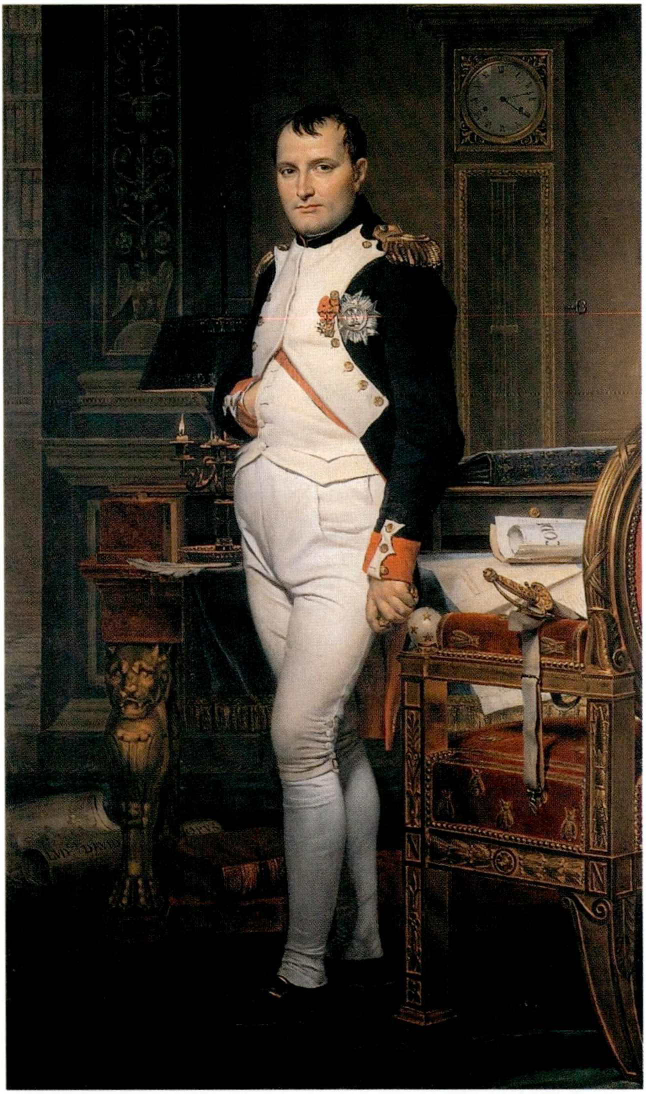

Jean Auguste-Dominique-Ingres | français, 1780–1867

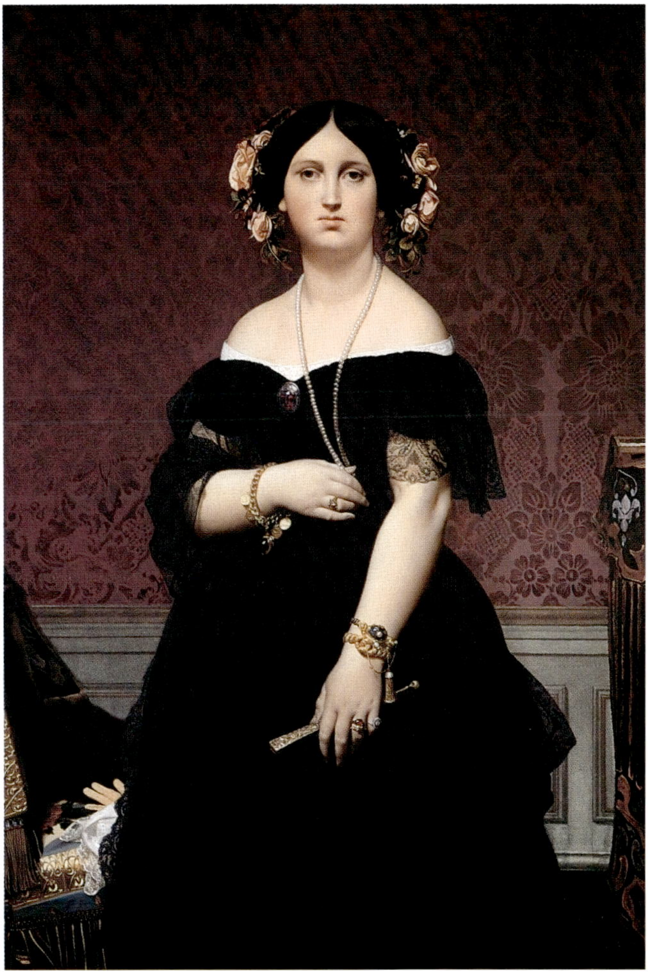

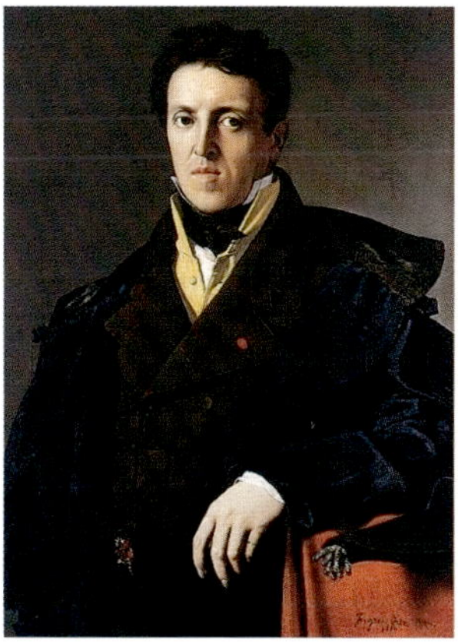

38 ***Marcotte d'Argenteuil***, 1810
Huile sur toile
Collection Samuel H. Kress

37 ***Madame Moitessier***, 1851
Huile sur toile
Collection Samuel H. Kress

Elle venait de se marier et passait pour une grande beauté lorsqu'Ingres, à l'injonction de son ami Charles Marcotte, accepta de peindre Inès Moitessier. Ses réticences initiales s'évanouirent, dit-il, lorsqu'il se trouva confronté à « sa terrible et belle tête ».

Ingres peignait d'après modèle vivant et avait une idée très précise des vêtements et des accessoires que son modèle devait porter. Son style d'une précision extrême reproduit à la perfection la finesse des matières emblématiques de la bourgeoisie française du XIXe siècle : noir opulent de la dentelle et de la robe de bal en velours, reflets de l'or et des bijoux émaillés. Le personnage d'Inès Moitessier nous est moins familier. Telle Junon, elle a le port impassible et distant d'une déesse de l'Antiquité. Son regard est lointain et la ligne emphatique de ses blanches épaules lui confère une certaine abstraction malgré le réalisme implacable des détails.

Joseph Mallord William Turner | britannique, 1775–1851

39 ***Marinier ajoutant du charbon à la lueur de la lune,*** 1835
Huile sur toile
Collection Widener

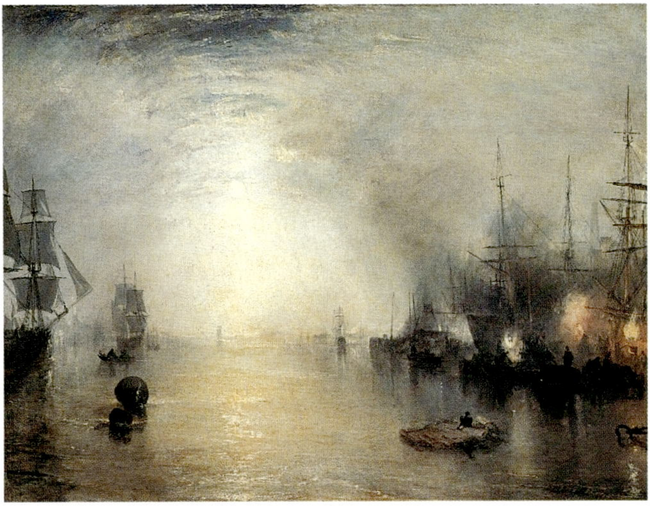

Turner a peint les effets atmosphériques de la nature. Ici, les hommes ravitaillent les navires en charbon mais on ne distingue que de vagues silhouettes en marge du tableau. Au centre, la lune apparaît dans un tourbillon rayonnant. Les formes se fondent dans la lumière et l'horizon lui-même disparaît presque dans un tunnel incandescent.

Turner s'intéressait aux contrastes extrêmes, visuels et autres. Il exposa ce tableau aux côtés d'une œuvre qu'il avait peinte à Venise l'année précédente.

L'une des deux œuvres représente le jour, l'autre la nuit ; l'une le Nord, l'autre le Sud. Dans les docks de la Tyne, rivière du Nord de l'Angleterre, Turner voyait les preuves de l'activité et de la croissance industrielles de son pays tandis que le languissant lagon vénitien reflétait, au contraire, le déclin d'une société.

John Constable, ami et peintre contemporain de Turner, décrivait son style comme « des visions éthérées peintes à la vapeur colorée ». Pourtant, l'air chargé d'humidité de Turner semble toujours léger. A certains endroits, la couche de peinture est très mince, à d'autres très épaisse – la lune se détache presque en relief.

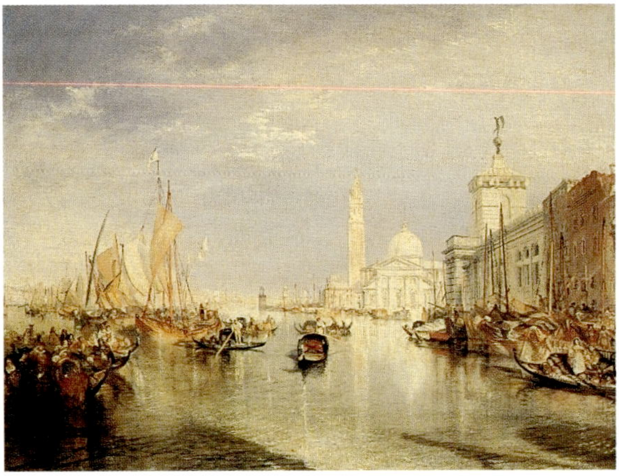

40 ***Venise : la Douane et San Giorgio Maggiore,*** 1834
Huile sur toile
Collection Widener

Winslow Homer | américain, 1836–1910

41 ***Droite et gauche*****, 1909**
Huile sur toile
Don de la Fondation Avalon

Considéré à l'époque comme un tableau de chasse puis, dans des études plus récentes, comme une méditation sur la mortalité, *Droite et gauche* visualise le point précis entre la vie et la mort en représentant les derniers instants de deux canards aux yeux d'or. Le mâle (à gauche) et la femelle (à droite) sont immortalisés dans deux positions contrastées, tels des motifs décoratifs sur une mer agitée. Observons plus attentivement les eaux sombres : derrière la seconde vague, un chasseur en bateau et un minuscule point rouge indiquent qu'il s'agit d'une scène de chasse au canard sur l'océan. Le premier coup de feu du fusil à deux coups a déjà tué la femelle, qui tombe en chute libre, tandis que le mâle s'efforce d'éviter le second.

On raconte deux anecdotes sur la façon dont Homer peignit ce tableau. Selon la première, il partait « tous les jours en bateau, avec un homme… armé… d'un fusil à deux coups et étudiait la position et les mouvements des oiseaux au moment où ils étaient touchés ». L'autre anecdote raconte que l'artiste avait demandé à un de ses voisins de Prout's Neck (Maine), qui avait une barque, de partir en mer et de tirer à blanc sur Homer qui se tenait dans sa ligne de tir, sur une falaise. Les deux explications sont plausibles – Homer était excellent chasseur et ses tableaux se fondaient généralement sur des scènes qu'il avait observées personnellement.

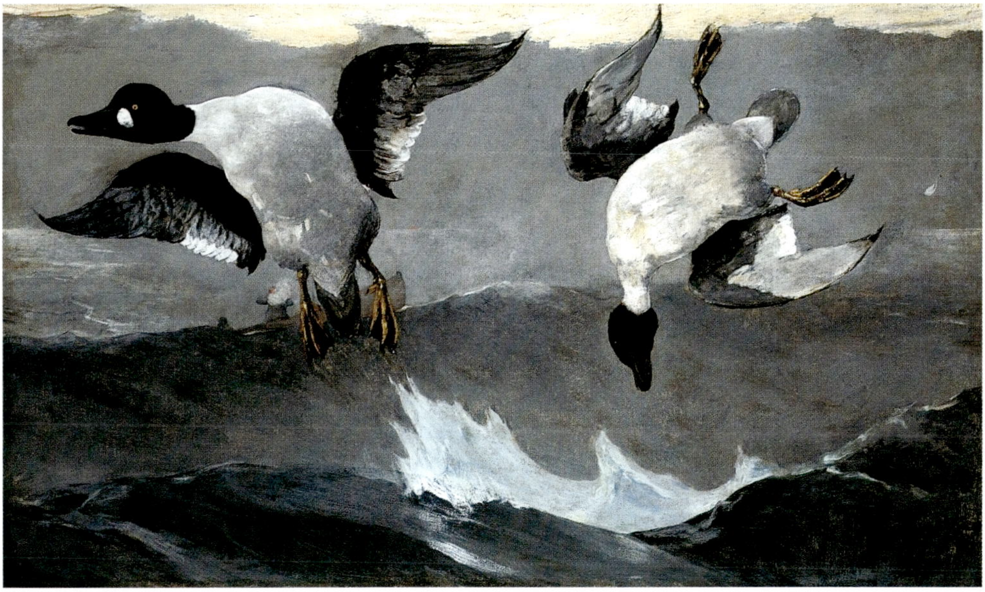

John Singleton Copley | américain, 1738–1815

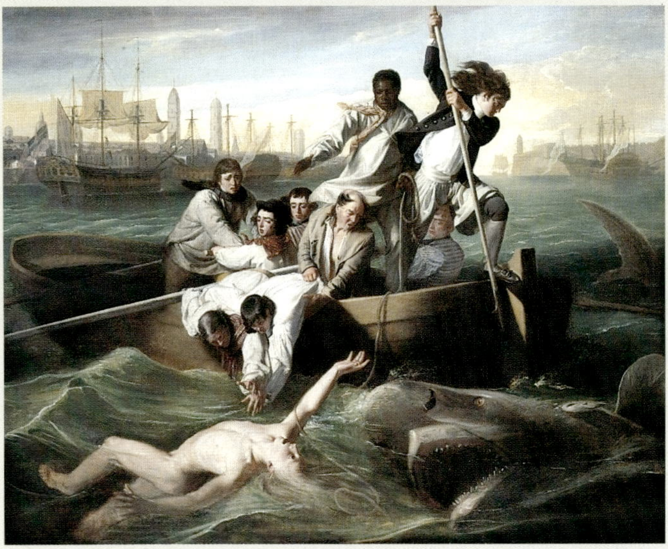

42 ***Watson et le requin*****,**
1778
Huile sur toile
Fonds Ferdinand Lammot Belin

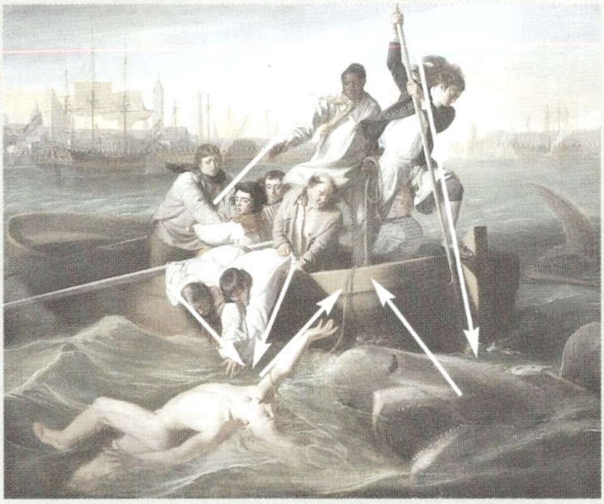

Ce tableau représente un fait divers réel : le dramatique sauvetage en mer de Brooke Watson, un mousse de 14 ans attaqué par un requin tandis qu'il nageait dans le port de La Havane, à Cuba, en 1749. Ses compagnons parvinrent à le sauver mais pas avant que le requin ne lui eût arraché la jambe droite juste au-dessous du genou. Près de trente ans plus tard, marchand et personnage politique important de Londres, Watson voulut qu'un tableau témoigne de cet épisode traumatique de sa jeunesse. Il fit appel à Copley, portraitiste célèbre à Boston, qui venait de s'installer à Londres. Echappant aux tensions politiques qui régnaient dans son pays bientôt en proie à une guerre révolutionnaire, Copley espérait trouver en Angleterre une ambiance artistique beaucoup plus sophistiquée. Le fascinant portrait du requin valut maints éloges à Copley et son tableau reste un exemple exceptionnel de peinture narrative.

Copley met l'accent sur le terrible moment qui précède le sauvetage de Watson, en utilisant la composition pour propulser l'action. Nous voyons d'abord Watson. Pâle, pratiquement perdu, il tend la main vers le salut – les marins dans la barque. Il est rejeté en arrière par les remous créés par le requin, prêt à lancer un ultime et terrifiant assaut sur le garçon. A leurs mouvements saccadés dans l'eau correspondent les efforts désespérés de l'équipage. L'un des marins rame furieusement pour maintenir la barque en place ; deux autres sont penchés sur l'eau et leur silhouette forme un triangle la pointe en bas. Au-dessus d'eux, un second triangle s'esquisse à partir du geste du marin qui jette à Watson une corde (qu'il ne parvient pas à saisir) et de celui du harponneur qui finira par avoir raison du prédateur. Les diagonales de la composition, tout comme les personnages torturés, nous suspendent dans l'horreur de la scène.

43 ***La Famille Copley***, 1776/1777
Huile sur toile
Fonds Andrew W. Mellon

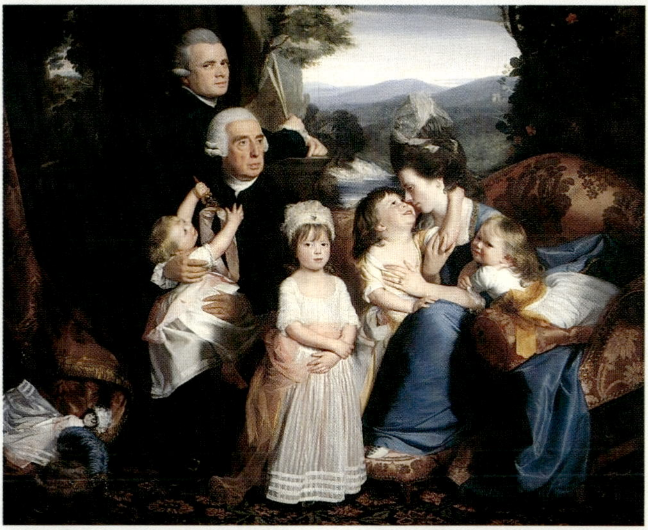

44 ***Anne Fairchild Bowler (Mme Metcalf Bowler)***, vers 1763
Huile sur toile
Don de Louise Alida Livingston

45 ***Epes Sargent***, vers 1760
Huile sur toile
Don de la Fondation Avalon

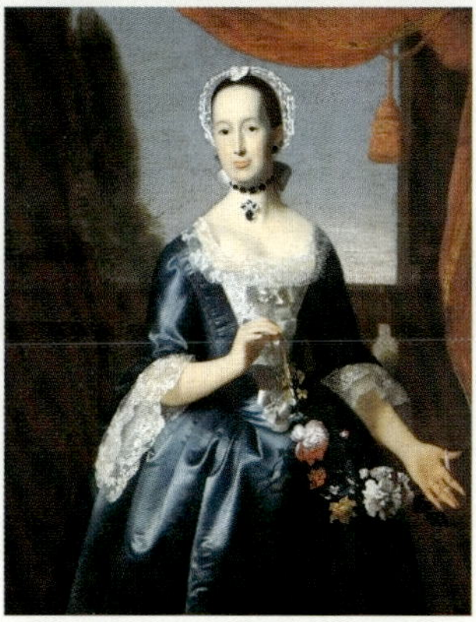

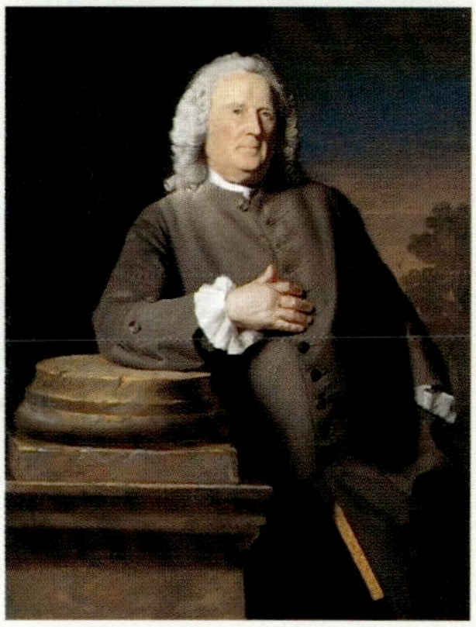

Un maître du portrait

Le réalisme et la vivacité des portraits de riches Bostoniens peints par Copley assurèrent sa réputation en Amérique à l'époque coloniale. Celui d'Anne Fairchild Bowler témoigne de sa maîtrise de la couleur et de la texture – notamment dans la robe en soie bleue, raide et brillante, le col en fine dentelle et le reflet du collier de saphir.

Le portrait d'Epes Sargent est un triomphe de stratégie artistique. La composition est austère, les contrastes entre ombre et lumière intenses. Variant son coup de pinceau, Copley peignit le visage de Sargent, ses mains et sa perruque dans un impasto lourd, destiné à représenter les rides du modèle et les rugosités de l'âge.

Non loin de là, *La Famille Copley* célèbre la réunion à Londres de l'artiste avec sa femme, ses enfants et son beau-père. Ils venaient de fuir Boston et Copley rentrait lui-même d'un voyage d'étude en Italie (1774 à 1775). Comme *Watson et le requin*, la toile comporte plusieurs personnages. Il est possible que leur disposition complexe ait été le fruit de l'étude de portraits de groupe baroques de Rubens et van Dyck. Mais l'œuvre associe ces influences européennes au réalisme du meilleur style américain de Copley. L'artiste se tient debout à gauche.

George Bellows | américain, 1882–1925

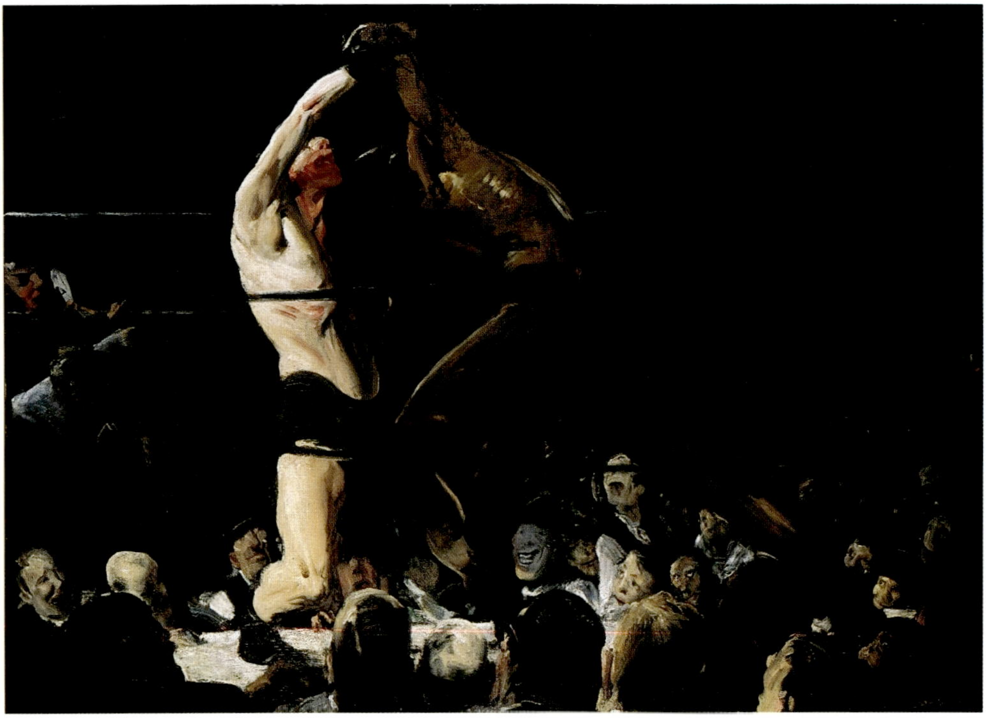

46 ***Les Deux membres du club***, 1909
Huile sur toile
Collection Chester Dale

En 1909, les combats de boxe étaient illégaux à New York, mais on pouvait assister à des matchs dans les arrières salles enfumées d'établissements comme le Club athlétique de Tom Sharkey, situé près de l'atelier de Bellows. Il est probable que cette scène explosive représente un combat auquel l'artiste a assisté. Son titre ironise sur « l'adhésion temporaire au club » qui permettait de contourner la loi.

Bellows traduit la violence palpable du combat – les muscles bandés et la poussée décisive du vainqueur sur la droite, le visage tuméfié et le corps qui s'affaisse de son opposant, et la brutalité qui se lit sur certains visages. L'impact est renforcé par les furieux coups de pinceau et par le dur contraste entre l'ombre et la lumière. Pourtant, aux yeux du public actuel, en donnant la victoire au Noir – représenté ici en titan – Bellows semble aussi suggérer que la lutte n'est pas uniquement physique : l'adversaire le plus redoutable est l'injustice.

Augustus Saint-Gaudens | américain 1848–1907

47 *Monument à la mémoire de Robert Gould Shaw et du 54e régiment du Massachusetts,* 1900
Plâtre patiné
Département américain de l'Intérieur, Service des parcs nationaux, Saint-Gaudens National Historic Site, Cornish, NH, prêté à la National Gallery of Art de Washington

Cet émouvant monument honore la mémoire des soldats noirs et du colonel blanc du 54e régiment du Massachusetts – sans doute l'unité militaire africano-américaine la plus célèbre de la Guerre civile. L'assaut qu'ils lancèrent en 1863 sur Fort Wagner, port lourdement protégé gardant le siège de la Confédération à Charleston en Caroline du Sud, fut immortalisé par Hollywood dans le film *Glory* (1989). Leur progression fut freinée par un barrage de tir. La moitié des 600 hommes furent tués, blessés ou faits prisonniers. Les morts furent jetés, en compagnie de leur chef, dans une fosse commune.

Dans cette sculpture, les cris et les coups de feu n'ont pas encore éclaté. La scène émaillée de fusils, de paquetages et de bidons montre le régiment allant au combat. Les visages sont d'un réalisme extraordinaire – l'artiste passa deux ans à préparer des études en terre pour donner une image individuelle à tous ces volontaires. Deux fils de Frederick Douglass. Un dentiste. Un pasteur. Des passeurs et des étudiants. La procession des hommes du 54e régiment est accompagnée par un ange tenant un rameau d'olivier (la paix) et des coquelicots (la mort, le sommeil, le souvenir). Le courage, le sacrifice et l'honneur sont inscrits dans chaque détail de ce bas-relief en plâtre. Son homologue en bronze est exposé sur Boston Common.

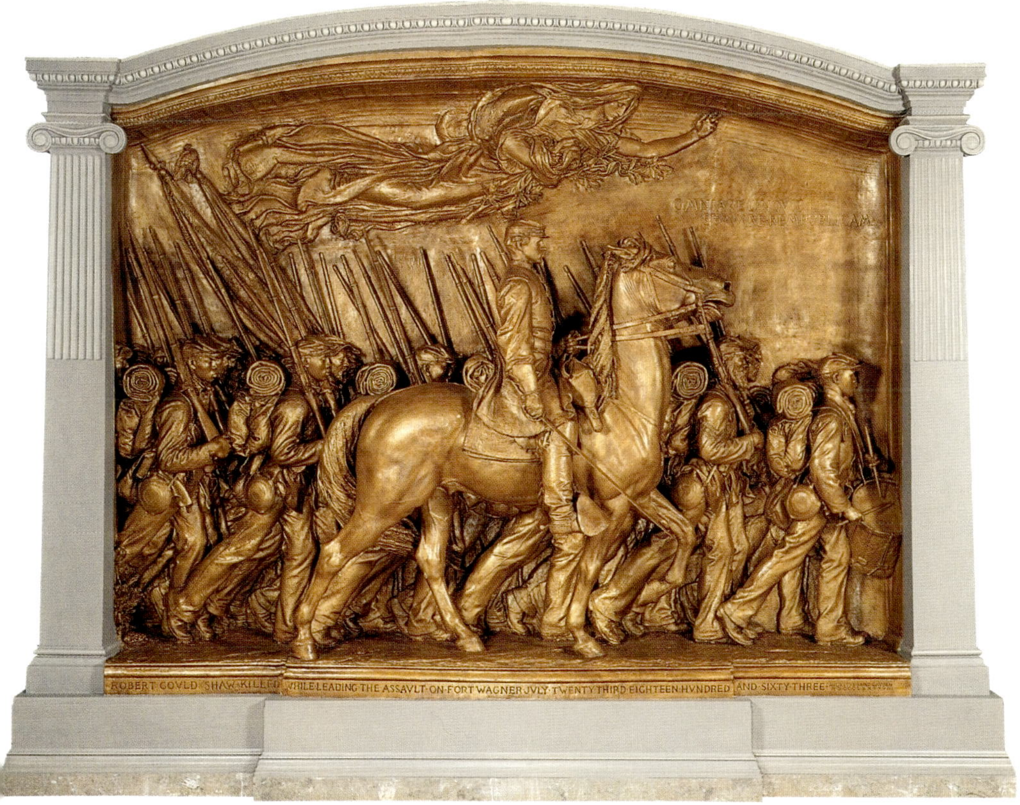

Les peintres de la vie moderne

En 1863 – onze ans avant la première exposition impressionniste – le poète et critique français Charles Baudelaire appelait les artistes à abandonner les thèmes académiques de l'histoire, de la religion et de la mythologie, et à aller puiser leurs sujets dans ce qu'il appelait « l'héroïsme de la vie moderne ». Le peintre de la vie moderne se tournerait vers les paysages urbains, vers les rues animées de Paris et ses scènes nocturnes, s'intéressant au « transitoire, [au] fugitif, [au] contingent ». Il ne s'effraierait pas de la confusion, de la rapidité et des incertitudes de la vie moderne – d'ailleurs, ces qualités trouveraient leur parallèle dans la rapidité d'exécution de l'artiste.

Si Baudelaire faisait référence à Constantin Guys, un chroniqueur de la mode parisienne, c'est son ami Edouard Manet qui vint à personnifier ce nouveau genre de peintre moderne. Ses sujets choquèrent, mais Manet obtint néanmoins un « succès de scandale » et dès 1870, il était considéré comme le chef de file de l'avant-garde.

D'autres artistes comme Degas, Cassatt et Toulouse-Lautrec peignirent aussi la vie parisienne, de ses frustes bals populaires à ses cafés et spectacles mondains.

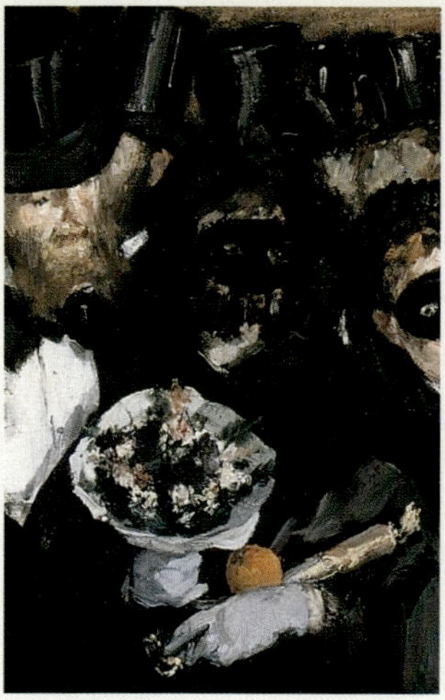

48 Edouard Manet, français, 1832–1883
Bal masqué à l'opéra, 1873
Huile sur toile
Don de Mme Horace Havemeyer en mémoire de sa belle-mère, Louisine W. Havemeyer

Voici le monde parisien qu'adorait Manet : un bal masqué dans l'ancien Opéra. La nature ouvertement sexuelle de la rencontre entre ces demi-mondaines peu vêtues et ces jeunes gens bien habillés laisse peu de doute. Des femmes de la haute société, masquées, se sont également aventurées sur la piste de danse, comme celle du centre du tableau, vêtue à la manière d'une « mariée » en noir et portant bouquet. Les personnages sont coupés brutalement par le bord du tableau et une jambe se balance depuis le balcon – on comprend d'emblée qu'il s'agit uniquement d'une partie de cette scène animée et que la vie continue hors du cadre de l'œuvre. Dans un instant, tout aura changé.

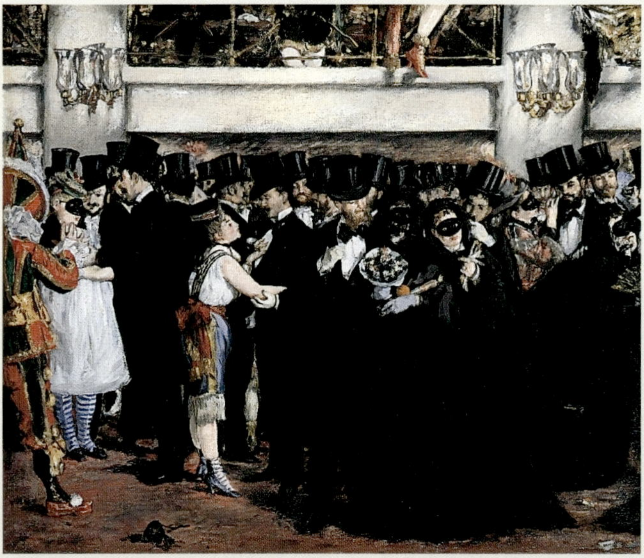

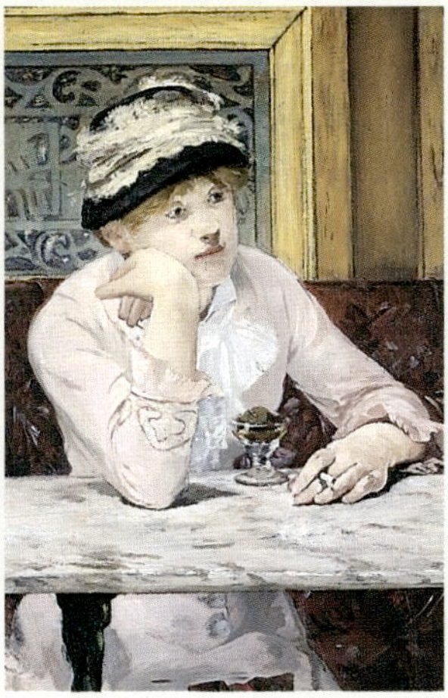

49 Edouard Manet
La Prune, vers 1877
Huile sur toile
Collection de M. et Mme Paul Mellon

Le peintre de la vie moderne était en partie détective. Prenons cette jeune femme, seule et pensive, attablée dans un café. Elle n'a pas allumé sa cigarette, ni touché à sa prune. Les femmes respectables des classes moyennes ne fumaient pas en public et n'allaient pas seules au café. Serait-ce une prostituée ? Sa tenue modeste et son agréable minois laissent penser qu'il s'agirait plutôt d'une grisette, appartenant à la légion des jeunes vendeuses qui s'efforçaient péniblement de gagner leur vie dans les magasins de la capitale.

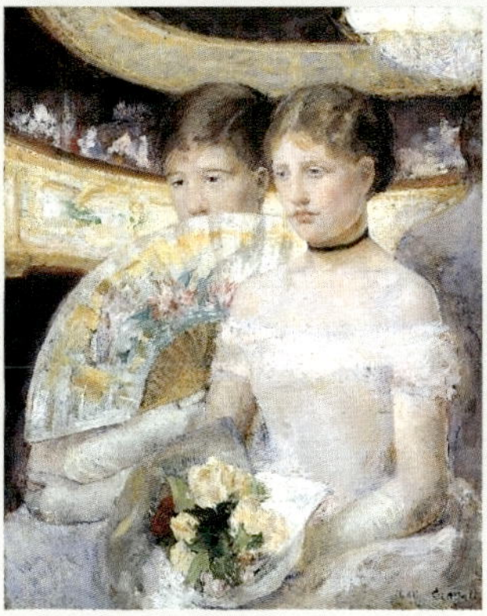

50 Mary Cassatt, américaine, 1844–1926
La Loge, 1882
Huile sur toile
Collection Chester Dale

Au théâtre, l'action qui se déroulait sur scène rivalisait avec celle de la salle. Ces deux jeunes filles semblent être assises au parterre mais le balcon derrière elle n'est, en réalité, que le reflet des miroirs de leur loge. Le parterre n'était pas destiné aux dames de la bonne société.

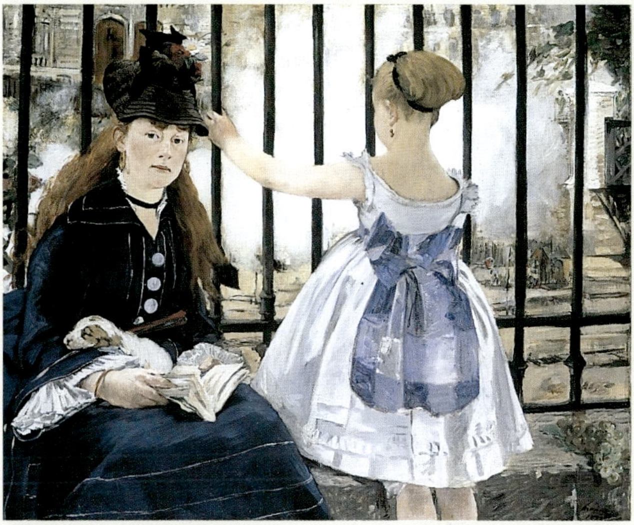

51 Edouard Manet
Le Chemin de fer, 1873
Huile sur toile
Don de Horace Havemeyer en mémoire de sa mère, Louisine W. Havemeyer

Est-il plus puissante image de la vie moderne ? Œuvre pivot de Manet, *Le Chemin de fer* rend hommage à la vie trépidante de Paris où le peintre vivait et travaillait – et à sa carrière artistique. La porte de sa maison et atelier apparaît au fond à gauche et le personnage de son modèle favori, Victorine Meurent, devant à gauche. Au centre de l'image, un étrange nuage blanc de fumée ou de vapeur laisse deviner les rails et la baraque de l'aiguilleur de la Gare Saint-Lazare, toute proche. L'atelier de Manet surplombait, en effet, les voies de la gare qui assurait alors quarante pour cent du trafic ferroviaire parisien.

Vincent van Gogh | hollandais, 1853–1890

52 ***Autoportrait,*** 1889
Huile sur toile
Collection de M. et Mme
John Hay Whitney

Durant ses dix brèves années de carrière, Van Gogh réalisa plus de 2 000 toiles et dessins et écrivit plus de 800 lettres racontant ses objectifs et ses luttes en tant qu'artiste. Ses autoportraits, au nombre de trente-cinq environ, sont le prolongement de sa quête personnelle et artistique.

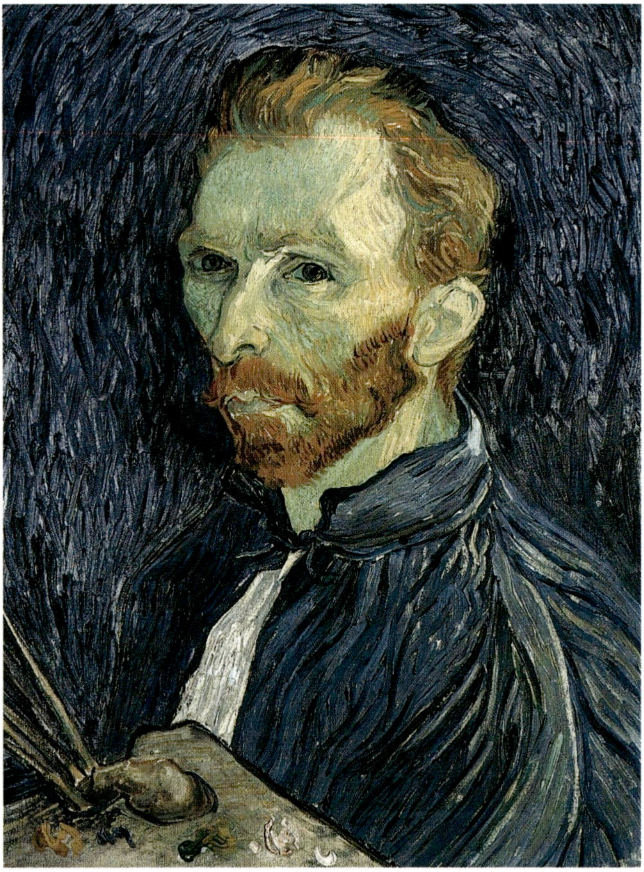

Après plusieurs faux départs en Hollande et en Angleterre, c'est à Paris que Van Gogh parvient à la maîtrise de son style impressionniste. Vite épuisé par la vie urbaine, il part pour le Sud de la France en 1888, s'installant d'abord à Arles puis à Saint-Rémy. L'intensité de la lumière et des couleurs de Provence provoque chez lui une période d'activité intense durant laquelle il peindra certaines de ses plus belles œuvres mais où il connaîtra aussi de grands moments d'abattement. Van Gogh peignit cet autoportrait après s'être volontairement fait admettre à l'asile de Saint-Rémy. L'artiste est entouré de flammes de peinture bleue, qui contrastent avec sa barbe et ses cheveux roux, et mettent en valeur son visage, surprenant par les traînées de pigments verts sur les tons de chair. Le peintre tient palette et pinceau à la main, et son regard pénétrant et la sinuosité des contours expriment la ferveur et la fragilité qui caractérisèrent sa courte vie.

Paul Gauguin | français, 1848–1903

53 ***Parau na te Varua ino (Paroles du diable)***, 1892
Huile sur toile
Don de la Fondation W. Averell Harriman en mémoire de Marie N. Harriman

En 1891, Gauguin partit pour Tahiti dans l'espoir d'y trouver une culture vierge, un monde exotique et sensuel, où les forces de la vie seraient à fleur de peau. Confronté à une île déjà transformée par les missionnaires occidentaux et par la domination coloniale, Gauguin dut en grande partie réinventer le monde qu'il avait souhaité y trouver, associant la mythologie de l'île à des images venues d'Europe ou d'ailleurs.

Le personnage agenouillé aux yeux brûlants est le *varua ino* du titre de l'œuvre, un esprit maléfique. La femme debout rappelle par son geste de pudeur l'Eve de la Bible, mais il ne s'agit pas d'un simple thème occidental accommodé à la polynésienne. L'Eve de Polynésie ne personnifie pas la honte ou la culpabilité, elle est le moyen qui permet à l'énergie spirituelle de pénétrer dans le monde. Il est probable que pour Gauguin, elle représentait la connaissance du bien et du mal, de la vie et de la mort – questions qui le préoccupaient. En haut à droite, il s'est représenté lui-même dans la scène sous forme d'une ébauche de main, emblème qu'il avait déjà utilisé dans des autoportraits.

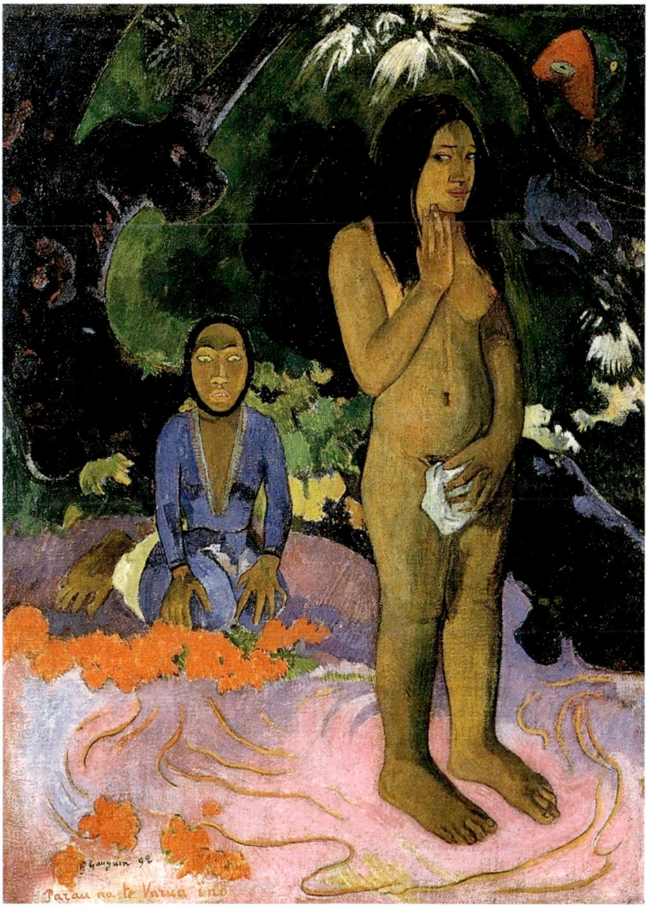

Les bords de la Seine

A partir des années 1860, les artistes cherchant à peindre la nature vivaient et travaillaient souvent dans des hameaux situés sur les bords de la Seine. La rivière attirait les citadins qui venaient s'y promener le dimanche et elle servait aussi à diverses industries. Un roman de l'époque la décrivait bordée d'un nombre croissant de parcs industriels et de centres de canotage, de pittoresques jardins et de villégiatures – elle était « sale et pétillante, misérable et gaie, populaire et vivante ».

Cette description suggère un paysage à la fois urbain et rural, une Seine sur laquelle les voiliers de plaisance côtoyaient les péniches et où l'embarquement des marchandises (le gypse, par exemple) était aussi courant que celui des passagers.

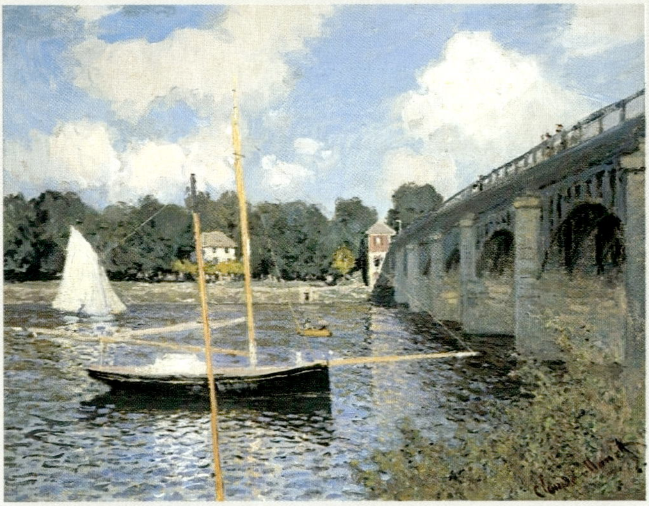

54 **Claude Monet**, français, 1840–1926
Le Pont à Argenteuil, 1874
Huile sur toile
Collection de M. et Mme Paul Mellon

Pendant six ans dans les années 1870, Monet passa de longues périodes à Argenteuil et peignit ses bateaux, ses industries, ses champs et ses jardins. Ici, les voiliers témoignent de l'existence de la navigation de plaisance. Les courtes touches de pigments à la surface de l'eau suggèrent les vents réguliers qui rendaient cette partie profonde de la Seine particulièrement adaptée à la navigation. A droite, se trouve un des ponts routiers qui enjambaient la rivière. Sur la rive opposée, on remarque la maison de péage du pont et, à gauche de celle-ci, un café.

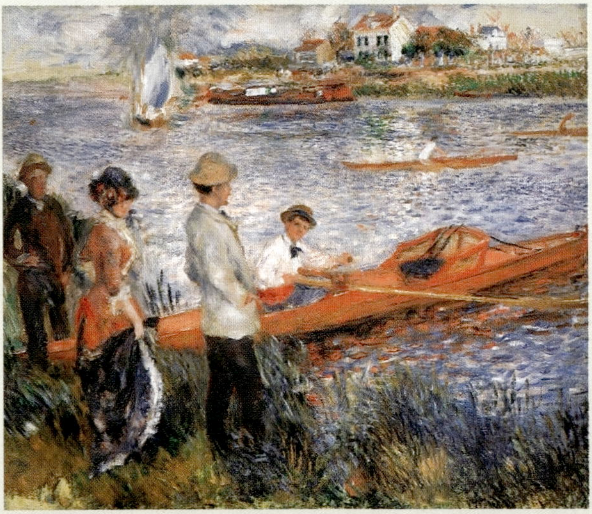

55 **Auguste Renoir**, français, 1841–1919
Rameurs à Chatou, 1879
Huile sur toile
Don de Sam A. Lewisohn

Chatou était le centre du canotage sur la Seine. Les détails suggèrent l'importance de cette activité dans cette ville. Le petit canot orange sur le rivage était destiné à accueillir un rameur et un passager face-à-face. De l'autre côté de la rivière, une péniche passe devant une guinguette. Le contraste entre les bleus et les verts, et les oranges et les rouges orangés saturés utilisés par Renoir évoque le plein soleil. Ses touches de pigments, parfois étirées, sont caractéristiques de la technique impressionniste.

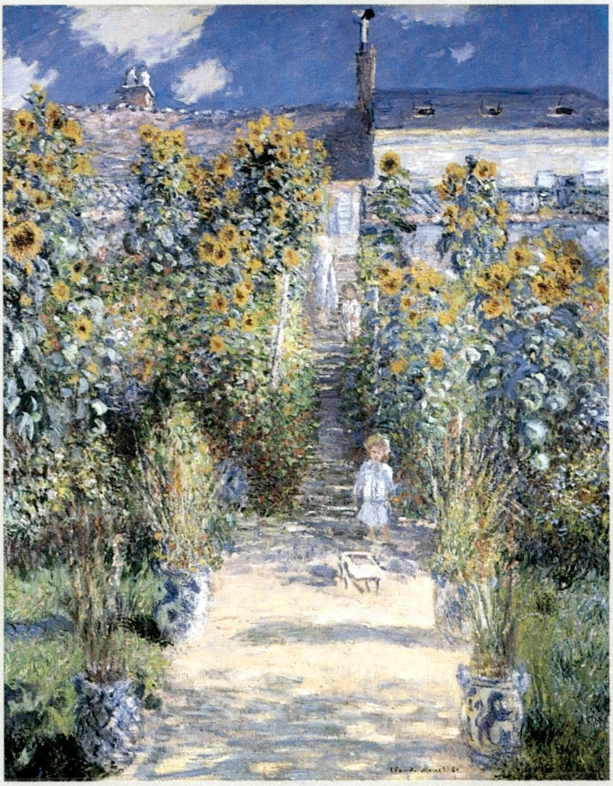

56 Claude Monet
***Le Jardin de l'artiste à Vétheuil*, 1880**
Huile sur toile
Collection Ailsa Mellon Bruce

Monet avait la passion du jardinage. A Vétheuil, où il vécut de 1878 à 1883, il créa son jardin sur une parcelle de terrain située en face de la maison qu'il louait. Monet borda de tournesols le terrain très en pente et émailla le sentier de glaïeuls (provenant d'Argenteuil) plantés dans des vases orientaux. Sur le sentier, la lumière intense côtoie l'ombre, faite de touches de bleus, de prune et de verts.

57 Claude Monet
***Le Pont japonais*, 1899**
Huile sur toile
Don de Victoria Nebeker Coberly, en mémoire de son fils John W. Mudd, et de Walter H. et Leonore Annenberg

De 1883 jusqu'à sa mort, Monet vécut dans une ancienne ferme comportant plusieurs hectares de terrain à Giverny, un peu plus en aval de la Seine, où il créa un jardin spectaculaire. Il y fit creuser un étang dans lequel il planta des nénuphars et qu'il agrémenta par la suite d'un pont japonais. Dans ce tableau, une des dix-huit œuvres représentant le pont peintes en 1899, Monet oublie le ciel et le regard plonge sous l'arche du pont. Ses précieuses *Nymphéas*, peintes en traits horizontaux de pigments mauves et blancs, flottent parmi les reflets des plantes du rivage, réalisés en touches verticales saccadées de vert, de bleu et de brun.

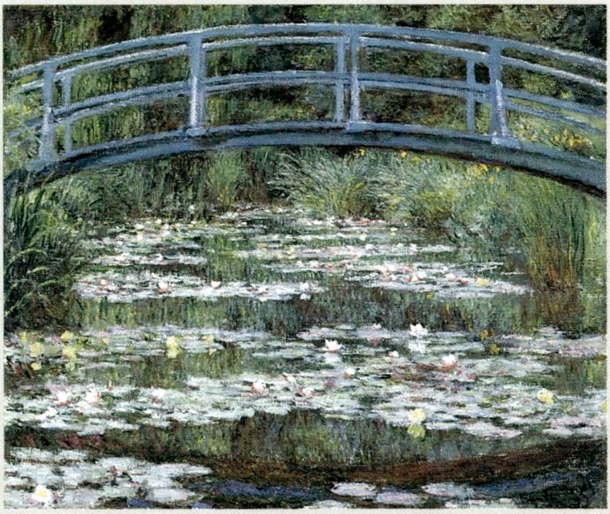

Paul Cézanne | français, 1839–1906

58 ***Garçon au gilet rouge,*** 1888–1890
Huile sur toile
Collection de M. et Mme Paul Mellon, en l'honneur du 50e anniversaire de la National Gallery of Art

Comme l'écrivit un critique, « l'art de Cézanne se situe entre la peinture de type traditionnel, fidèle à un objet frappant ou beau, et la peinture de type « abstrait », harmonie émouvante de touches de couleurs ne représentant rien ».

La pose du garçon est caractéristique des classes de dessin d'après modèle vivant qui dominaient la formation des peintres dans les académies d'art traditionnelles. Le garçon, qui représente un paysan italien, a l'élégance d'un portrait du XVIe siècle. Mais on peut aussi considérer que ce « portrait » existe essentiellement par ses formes et ses couleurs. Cézanne disait qu'il cherchait « une harmonie parallèle à la nature ». A l'arrière-plan, la chaise et le drapé éclatent en un motif si fragmenté qu'il est difficile de les distinguer de prime abord. Ils annoncent les espaces picturaux construits des cubistes Braque et Picasso.

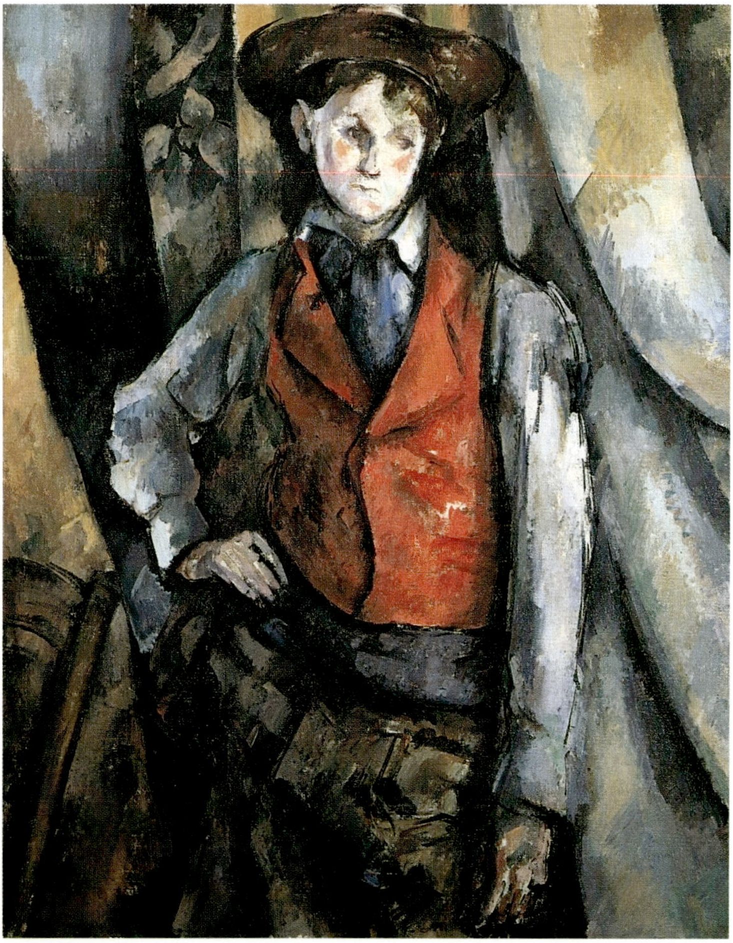

Edgar Degas | français, 1834–1917

59 ***Scène de steeple-chase: le jockey tombé,***
1866, retouché en 1880–1881 et vers 1897
Huile sur toile
Collection de M. et Mme Paul Mellon

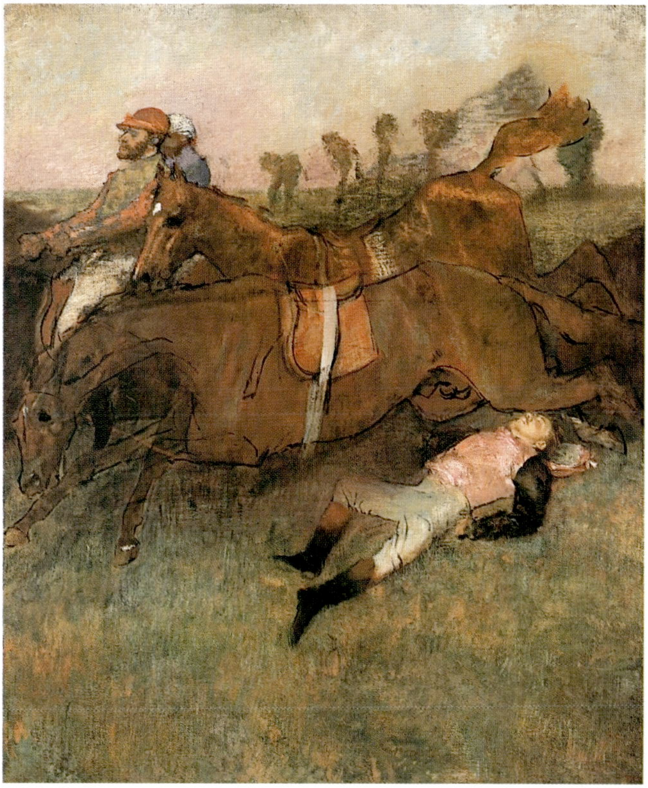

Du milieu à la fin du XIXᵉ siècle, les Parisiens se passionnèrent pour l'équitation, les courses et le steeple-chase. En plus du champ de courses de Longchamp, inauguré en 1857 dans le Bois de Boulogne réaménagé (ancien parc royal), il existait divers terrains de courses, d'autres manifestations étant, par ailleurs, organisées à Paris et en province. Degas, observateur passionné du moindre aspect de la vie moderne, était fasciné par le spectacle des chevaux et de leur cavalier, surtout sur les champs de courses. Souvent, il s'intéressait aux instants précédant la course ou entre deux courses, et recréait superbement la tension, le risque ou l'oisiveté qui caractérisaient chaque phase de l'événement.

Le Jockey tombé est un de ses plus grands tableaux de courses, et un de ses premiers. Il fut exposé au Salon de 1866. Ici, la vitesse et le danger du steeple-chase sont mis en évidence de manière dramatique par la chute du cavalier étendu au premier plan sous sa propre monture, et peut-être même sous une seconde, également sans cavalier. Les deux chevaux menacent de le piétiner ; leur dramatique course en avant est accentuée par la composition très serrée de Degas et par son emploi de zones très colorées, esquissées et comme empreintes de nervosité. Il n'est pas surprenant que Degas ait voulu représenter un accident grave, voire mortel : le steeple-chase est une course d'obstacles difficile au cours de laquelle chevaux et cavaliers galopent à travers champs, franchissant murs en pierres, fossés, ruisseaux et haies, en direction d'un clocher d'église (en anglais *steeple*) ou de quelque autre point de ralliement. A l'époque de Degas (et encore souvent de nos jours), les cavaliers de steeple-chase étaient des gentlemen et non des jockeys professionnels. La vitesse de la course et le terrain accidenté étaient parfois fatals à ces amateurs. Plus tard dans sa carrière, Degas reprit plusieurs fois cette toile, d'où l'impression d'inachèvement qui s'en dégage.

Les sculptures en cire d'Edgar Degas

Edgar Degas | français, 1834–1917

Bien que n'ayant exposé qu'une seule sculpture de son vivant, Degas commença à sculpter la cire dès le début, ou presque, de sa carrière. A l'instar de ses tableaux et œuvres sur papier, ses statuettes en cire traitent du thème de la danse, de la course hippique, ou de scènes de la vie contemporaine. La National Gallery détient quarante-huit des soixante-dix sculptures en cire retrouvées dans l'atelier parisien de Degas il y a près d'un siècle.

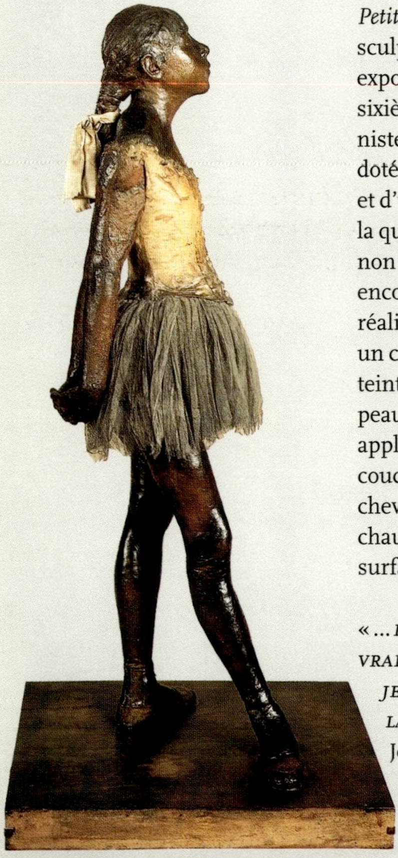

60 ***Petite danseuse de quatorze ans*****, 1879–1880**
Cire jaune, cheveux, ruban, corsage de lin, chaussons en satin, tutu en mousseline, socle en bois
Collection de M. et Mme Paul Mellon

Impertinente, presque provocatrice, les yeux mi-clos et le menton levé, la petite danseuse ne manque pas d'assurance. Bras et jambes tendues, elle exécute la quatrième position – d'où ses épaules rejetées en arrière et ses poignets dans le dos. A la fois gracieuse et gauche, la *Petite danseuse* est la seule sculpture que Degas ait exposée de son vivant – à la sixième exposition impressionniste de 1881. Degas l'ayant dotée de vêtements miniatures et d'une perruque, un critique la qualifia de « spécimen » et non d'art. Rendant plus floue encore la limite entre le réalisme et l'art, Degas utilisa un curieux mélange de cire teintée pour représenter la peau rosie par l'effort et appliqua ensuite de fines couches de cire colorée sur les cheveux, les vêtements et les chaussons pour raffermir la surface de la statuette.

« *... LA SEULE TENTATIVE VRAIMENT MODERNE QUE JE CONNAISSE, DANS LA SCULPTURE.* »
Joris-Karl Huysmans, romancier et critique

61 ***Le Tub*****, 1889**
Cire rouge brun, plomb, plâtre de Paris, tissu
Collection de M. et Mme Paul Mellon

Le Tub illustre parfaitement la puissante observation du sujet à partir de points de vue obliques. Arrondie et délicate vue de côté, la statuette se fait grossièrement volumétrique et sensuelle vue du dessus. Degas obtenait de surprenants effets de couleur et de texture en employant des moyens très divers. La femme nue, modelée en cire d'abeille rouge foncé, est allongée dans l'eau réalisée en plâtre. Son tub, une bande de métal, est inséré dans un socle de tissu trempé dans le plâtre. Un bras partiellement submergé, l'autre touchant ses orteils, la baigneuse est rudimentaire. L'empreinte de Degas est visible dans la représentation de son corps, de la base en tissu et de l'eau légèrement mouvante.

« *JE LUI AIT FAIT UN SOCLE AVEC DES LINGES TREMPES DANS UN PLATRE.* » Degas

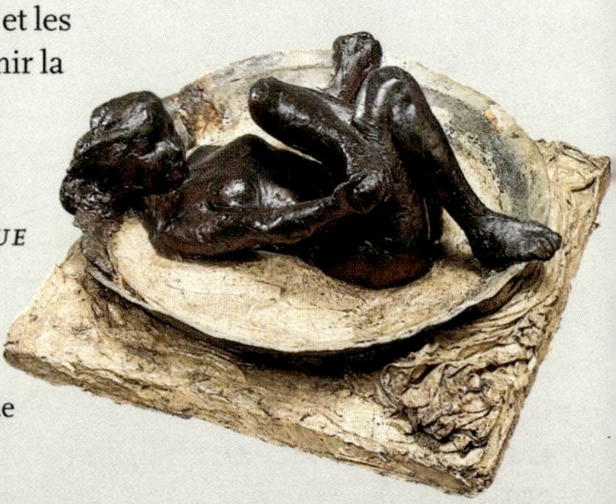

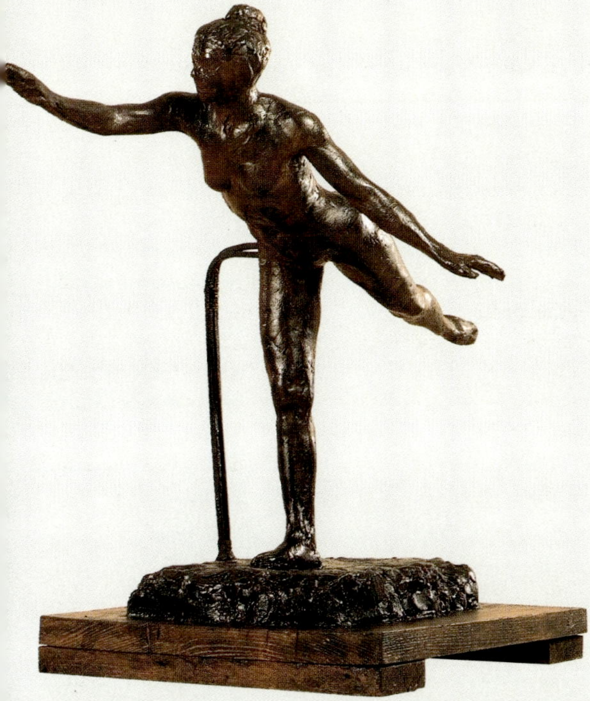

63 ***Grande arabesque, deuxième fois,***
vers 1882/1895
Plastilène brun, cire, liège
Collection de M. et Mme Paul Mellon

Accoutumé à tout utiliser, des bouchons de bouteille et de pot à moutarde aux clous longs, pour remplir l'intérieur de ses sculptures, Degas essayait aussi diverses formes d'armature, et ses statues étaient souvent étayées de l'extérieur. Ici, l'armature sous-tend l'arabesque, dans laquelle la danseuse se balance sur une jambe tout en levant l'autre en même temps que ses bras.

« DANSE, GAMIN AILE… »
tiré d'un sonnet de Degas

62 ***Cheval se dérobant (Cheval franchissant un obstacle)***, années 1880
Cire jaune
Collection de M. et Mme Paul Mellon

Degas était fasciné par la prouesse physique, l'énergie et la tension des courses hippiques, comme il l'était par la danse. Pour réaliser cette représentation convaincante d'un cheval, Degas évoque plusieurs mouvements directionnels. Les pattes de devant se lèvent, celles de derrière s'écartent comme pour consolider l'appui, tandis que le corps de l'animal se tord. La vitalité étonnante du *Cheval se dérobant* s'inspirait en partie de l'étude qu'avait faite Degas des photos de locomotion chez les animaux de Eadweard Muybridge (publiées en 1887 et référencées dans un carnet de Degas). Tout aussi importante est sans doute l'observation très précise du pur-sang par l'artiste et la manière viscérale dont il modela la statuette de cire.

« POUR ARRIVER, DANS L'INTERPRETATION DE L'ANIMAL, A UNE EXACTITUDE SI PARFAITE QU'ELLE DONNE LA SENSATION DE LA VIE, IL FAUT RECOURIR AUX TROIS DIMENSIONS. »
Degas

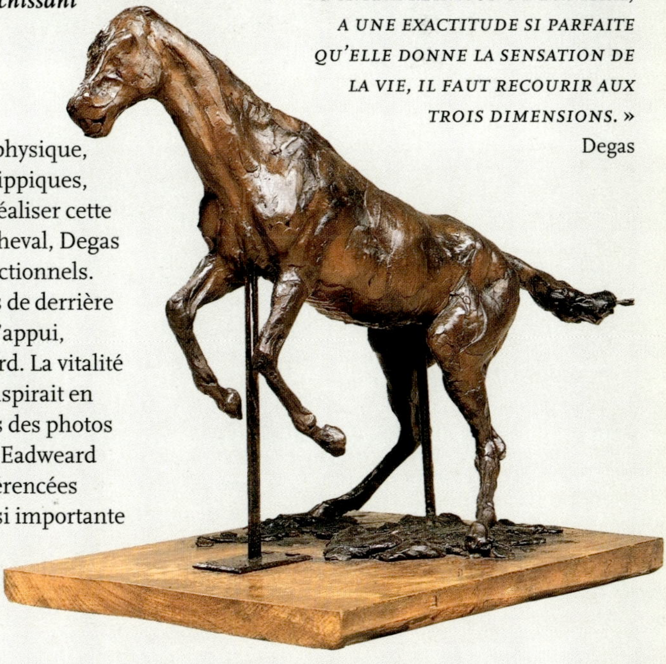

Henri Matisse | français, 1869–1954

64 ***Fenêtre ouverte Collioure***, 1905
Huile sur toile
Collection de M. et Mme
John Hay Whitney

Des vagues roses, un ciel turquoise, rose et mauve, des reflets de cyclamens détrempés : ces coloris qui ne sont pas vraiment proches de ceux de la nature firent scandale lorsque cette œuvre et d'autres du même style réalisées par Matisse, Maurice de Vlaminck, André Derain et d'autres artistes furent exposées pour la première fois au Salon d'Automne de 1905.

Un critique, remarquant que ces œuvres étaient exposées à proximité d'une statuette de la Renaissance, s'écria : « Tiens, Donatello chez les fauves ! » Bientôt, ces artistes furent connus sous le nom de fauves et, bien que de courte durée, le fauvisme vit son influence perdurer. Le Salon d'Automne de 1905 donna ainsi un des premiers aperçus de ce qu'allait être l'art du XXe siècle.

Les fauves libérèrent la couleur. Ce n'était plus la nature mais l'art qui déterminait le choix des couleurs. Matisse dira plus tard : « Quand je mets un vert, ça ne veut pas dire de l'herbe, quand je mets un bleu, ça ne veut pas dire du ciel ». Il peignait des tableaux, pas des choses. Ne se limitant plus à imiter la réalité, la couleur exprime désormais l'intention et l'émotion de l'artiste.

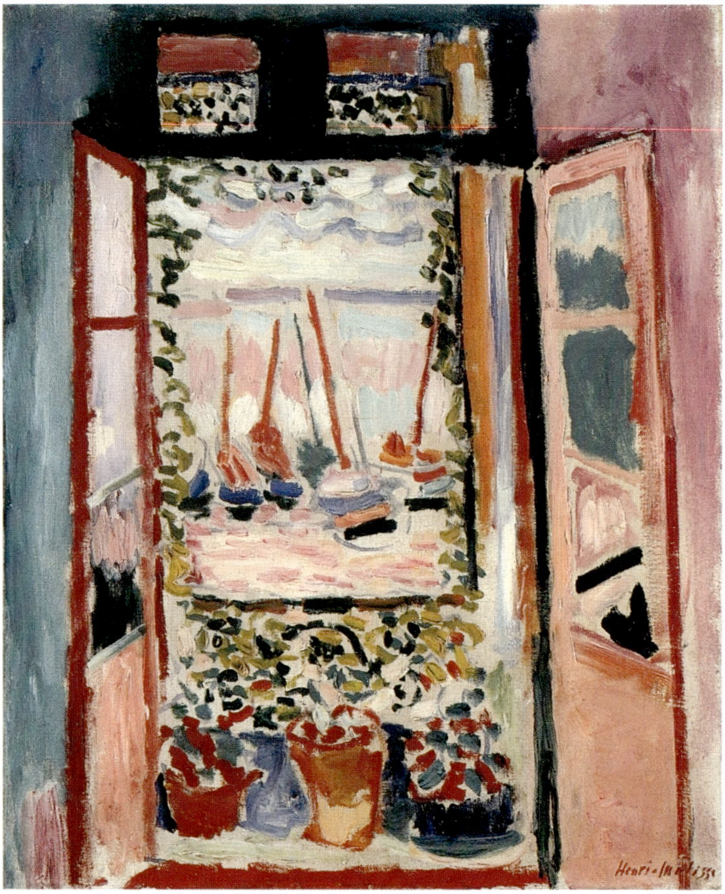

Wassily Kandinsky | russe, 1866–1944

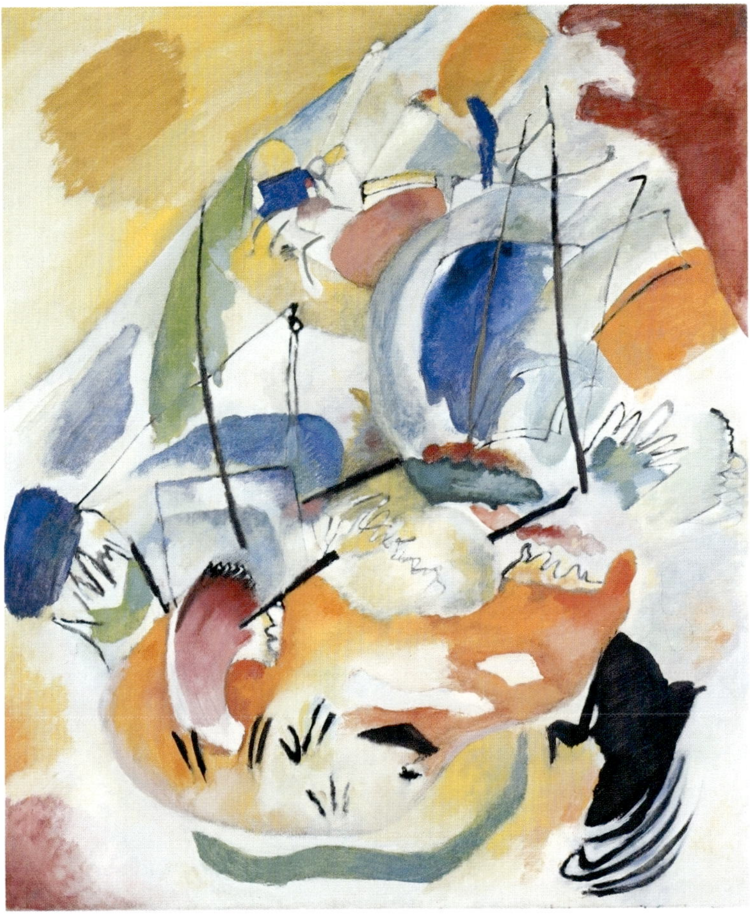

65 ***Improvisation 31 (Bataille navale)***, 1913
Huile sur toile
Fonds Ailsa Mellon Bruce

Deux navires à haut mât se livrent bataille. Ils se mitraillent au canon et flottent dans une « mer » de formes colorées. La tension jaillit des mâts noirs et pointus, et des zones de couleur qui s'opposent. Les vastes formes triangulaires jaunes et vermillon du sommet renferment l'action tout en lui fournissant une plate-forme. Ce royaume d'un autre monde représente, selon l'artiste, une « lutte terrible » se déroulant dans la sphère « spirituelle ». A l'instar de théosophes comme Rudolph Steiner et Annie Besant, qui interprétèrent le Livre de l'Apocalypse, Kandinsky pensait qu'un cataclysme terrestre marquerait l'avènement d'une nouvelle ère spirituelle.

Kandinsky fut un des premiers artistes du XXe siècle à explorer la peinture abstraite. Ses travaux libérèrent le trait et la couleur, qui avaient traditionnellement pour rôle de décrire la réalité. Pour lui, la peinture était un acte mystique qui conférait une forme visible à la spiritualité intérieure.

Arshile Gorky | américain, 1904–1948

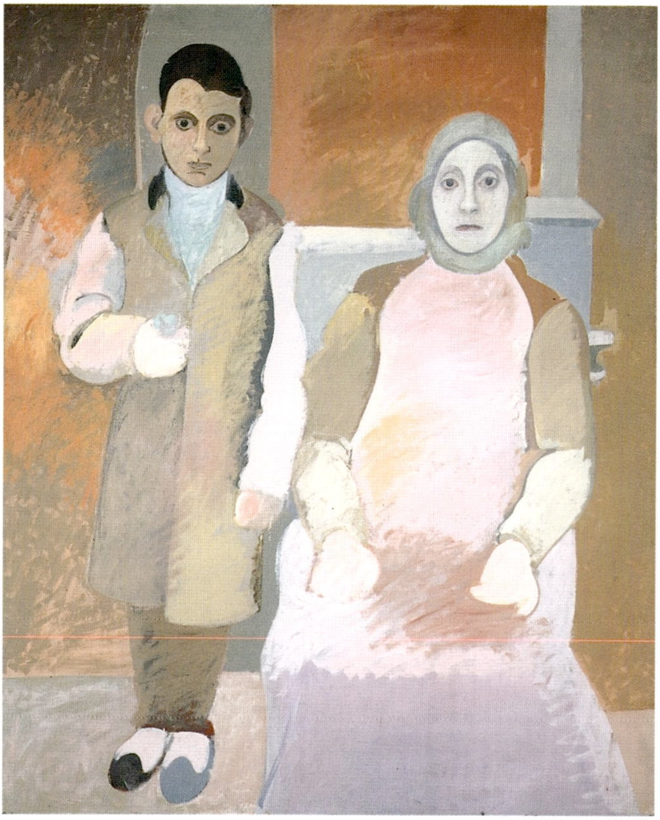

66 ***L'Artiste et sa mère*****,**
vers 1926/1936
Huile sur toile
Fonds Ailsa Mellon Bruce

Longtemps après la campagne turque de 1915 contre les Arméniens, qui obligea la famille de Gorky à se disperser, et le décès de sa mère, morte de maladie et de faim sous ses yeux, l'artiste retrouva la photographie qui lui inspira ce portrait et lui permit de remonter le temps. Il a huit ans et se tient aux côtés de sa mère dans un studio de photographe. Peu de temps après, Gorky et sa famille fuiront le chaos et le génocide. A la mort de sa mère, Gorky émigre en Amérique et parvient à se faire un nom dans la peinture abstraite à New York. Son art reste pourtant ancré dans le souvenir et les images qui lui restent de son enfance dans la campagne arménienne.

L'Artiste et sa mère est un sujet qui absorba Gorky pendant des années. Le tableau, qui comporte de larges zones de couleur expressive généralement associées à la sensibilité moderniste, rappelle pourtant l'aspect figé et détaché des icônes médiévales. Pour obtenir une surface lisse et polie (vue de côté), Gorky appliquait couche sur couche de la peinture à l'huile diluée, qu'il ponçait, une fois sèche, jusqu'à obtenir un plat parfait. Ces passages lissés donnent à l'œuvre un flou fragile, particulièrement évident dans le visage de Shushan, vision posthume de la mère aimée et perdue.

Alberto Giacometti | suisse, 1901–1966

67 ***Le Chariot*****, 1950**
Bronze
Don d'Enid A. Haupt

Jean-Paul Sartre disait des personnages de son ami Giacometti que chacun d'eux semblait « sécréter son propre vide ». On imagine aisément pourquoi les formes atténuées de Giacometti, à mi-chemin de « l'être et [du] néant », ont souvent été interprétées en termes d'isolement et d'angoisse existentielle. Pourtant, Giacometti s'intéressait principalement à la vision, à la perception, et à la manière dont les effets physiologiques et psychologiques modifient celle-ci. Il luttait pour voir et fixer ce qu'il voyait dans l'espace. Il se rendit compte que pour appréhender un personnage dans son ensemble, une certaine distance est nécessaire. D'une certaine manière, la minceur des formes de Giacometti tient compte de l'impact de cette distance.

La plupart des personnages de Giacometti sont le résultat d'une observation longue et intense, mais il disait que *Le Chariot* était une image qui s'était présentée à lui dans son intégralité, déjà formée dans son esprit. Elle venait de son souvenir d'un chariot de médicaments qu'il avait observé durant un séjour à l'hôpital en 1938. Commandée pour un parc français, la statue fut rejetée par le client.

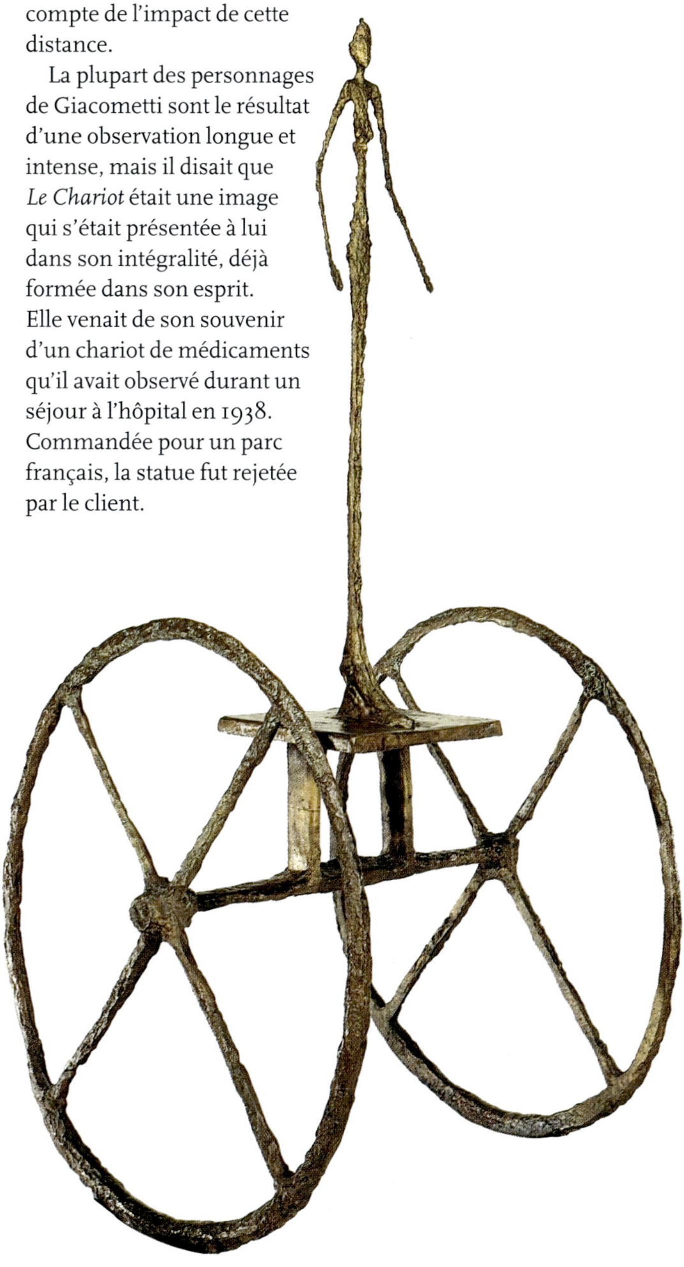

Famille de saltimbanques

Pablo Picasso | espagnol, 1881–1973

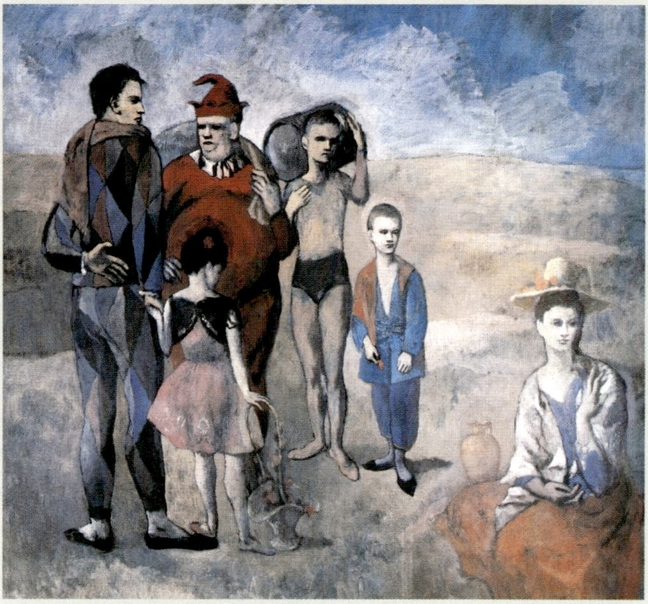

Ce tableau représentant des artistes de cirque sur fond de terrain vague est l'œuvre la plus grande et la plus importante que Picasso ait peinte au tout début de sa carrière, dans les années difficiles. Au lieu de les peindre en pleine action, Picasso se sert des saltimbanques pour évoquer la mélancolie de l'artiste abandonné. Comme ces comédiens itinérants, vagabondant aux abords de Paris lorsqu'ils ne jouaient pas, Picasso vivait en nomade depuis cinq ans, dormant chez d'autres artistes et souffrant souvent de la faim. Le terme « bohème » fut spécialement créé pour qualifier les êtres accablés et démunis caractérisés par Picasso et les sujets qu'il peignait. L'arlequin de profil, à gauche du tableau – la main retournée dans le dos – est Picasso lui-même.

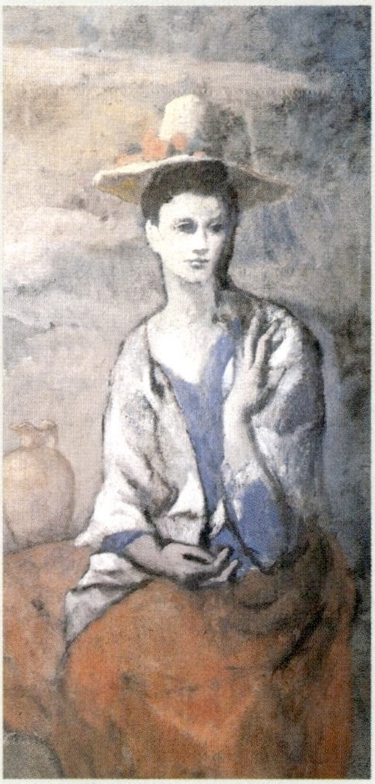

68 ***Famille de saltimbanques*, 1905**
Huile sur toile
Collection Chester Dale

A l'époque où il se mit à peindre ses *Saltimbanques*, Picasso louait un appartement dans un immeuble lépreux de Montmartre. Il commençait à être connu et vivait entouré d'artistes. Entre 1904 et 1905, alors que Picasso travaillait à son tableau, le poète Guillaume Apollinaire lui rendait visite presque tous les jours. C'est lui qui qualifia Picasso d'« Arlequin Trismesgitus », par allusion à la première carte du jeu de tarot, et c'est peut-être ce qui incita Picasso à se représenter en arlequin vêtu d'un costume à losanges.

Picasso et ses amis allaient souvent au cirque, surtout au cirque Medrano du quartier. Le fou replet du tableau est le clown espagnol El tío Pepe don José, qui y travaillait et qui, comme les autres clowns, fascinait Picasso. Mais ni lui ni les autres personnages ne font leur numéro. Ils se tiennent immobiles, le regard perpétuellement dans le vague. Ils ont l'identité figée des parias auxquels se comparait Picasso.

Le fond nu du tableau est une version abstraite d'un terrain vague de la banlieue parisienne. Sa qualité obsédante renforce la mélancolie des *Saltimbanques*, tout comme le fait la palette discrète de tons rouges crayeux choisie par l'artiste. Bien que ces teintes soient significatives de la « période rose » de Picasso, l'œuvre avait à l'origine été exécutée dans des tons de bleu. Par la suite – il y eut quatre versions différentes du tableau avant celle-ci – Picasso passa du bleu au rose, veillant à ce que la peinture bleue reste visible sous la nouvelle couche de peinture. C'est ce qui lui permit de voiler les contours et l'atmosphère du tableau. On notera la manière dont des touches étirées de peinture bleue pénètrent dans le personnage rosé du garçon au tambour et étincellent sur les contours de presque tous les visages. Dans la manière dont il traitait la peinture et les surfaces, Picasso ne laissait rien au hasard.

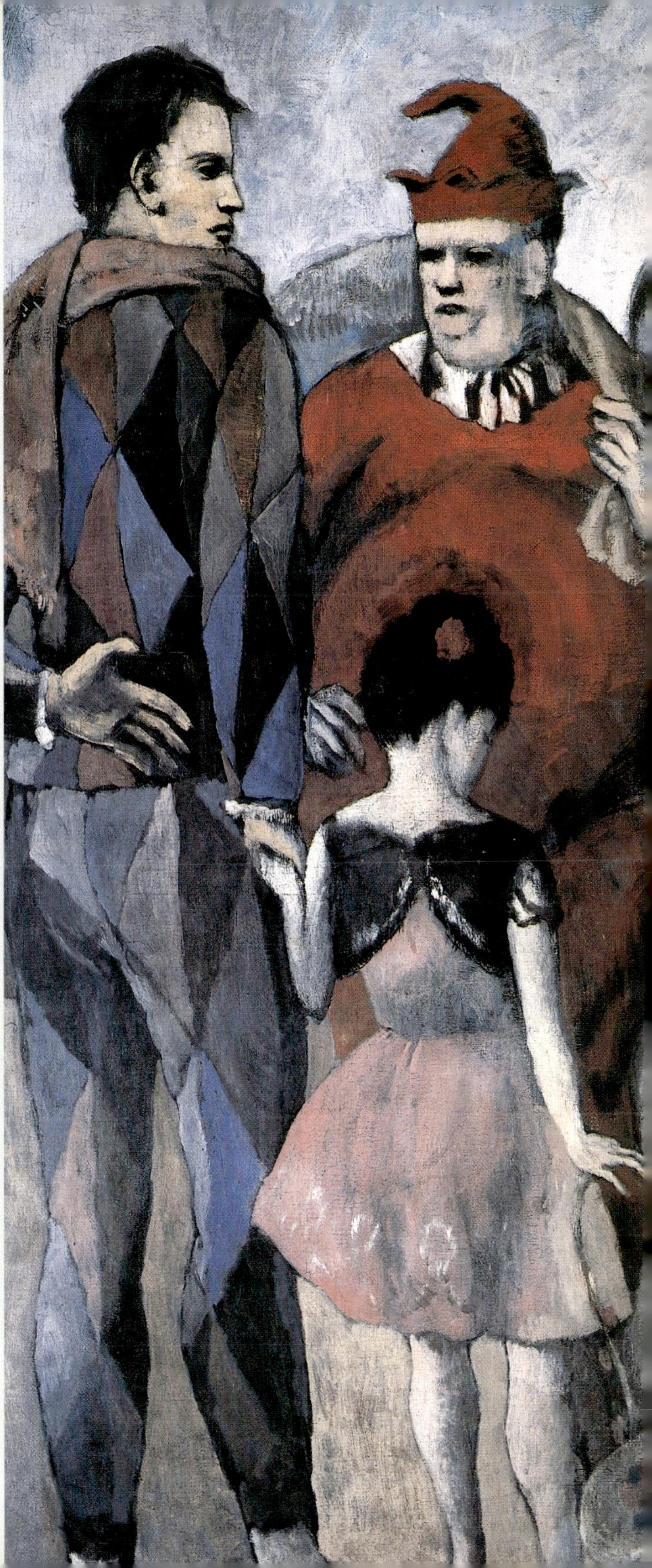

Jackson Pollock | américain, 1912–1956

69 ***Numéro 1, 1950 (Brume de lavande)***, 1950
Huile, émail et peinture à l'aluminium sur toile
Fonds Ailsa Mellon Bruce

A la fin des années 1940, Jackson Pollock commença à travailler sur un groupe de très grandes toiles qui allaient bouleverser le monde de l'art. Il plaçait la toile à plat sur le sol et faisait couler et goutter la peinture en se déplaçant tout autour. La démarche de Pollock (souvent qualifiée d' « action painting ») créait des compositions générales faites d'une superposition de couches. *Brume de lavande* est un des meilleurs exemples de l'œuvre de Pollock – totalement inédite à l'époque. Elle ne comporte pas de lavande (son titre avait été suggéré par un critique) mais il émane de ses arcs et entrelacs de peinture industrielle noire, blanche, rousse, orange, argent et bleu gris une lueur lavande. S'impliquant tant physiquement qu'intellectuellement dans la création de ses œuvres, Pollock jouait presque un rôle de médium dans le processus créatif, transférant à ses images pulsions affectives et artistiques. Tel un chaman antique, il « signa » *Brume de lavande* dans le coin supérieur gauche et à l'extrémité supérieure de la toile avec ses empreintes digitales.

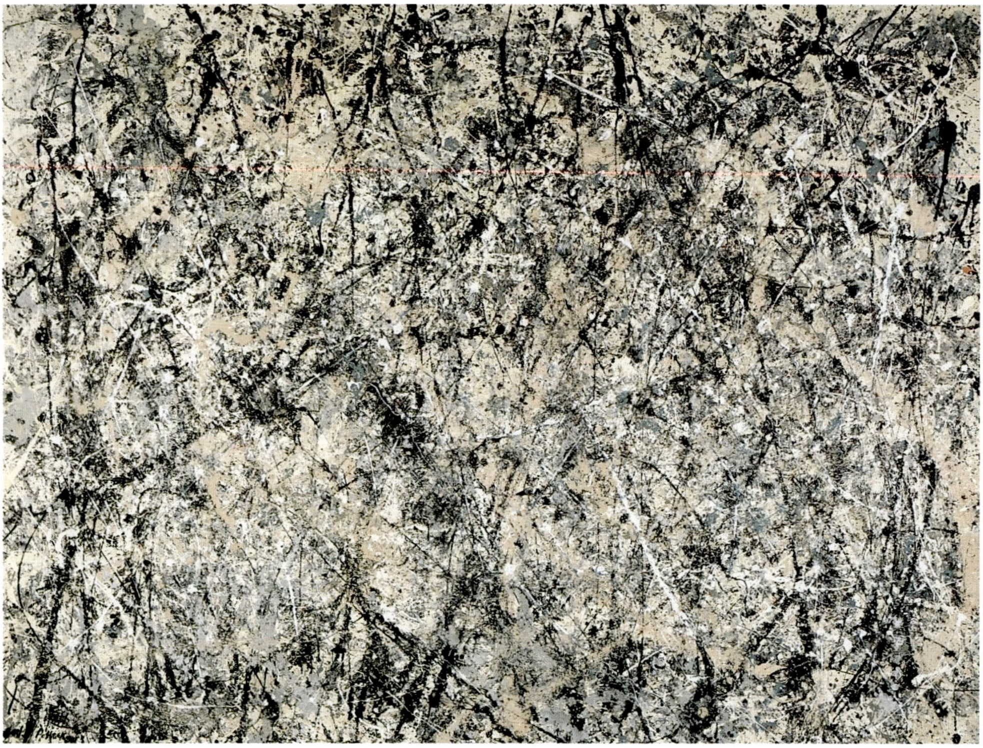

Roy Lichtenstein | américain, 1923–1997

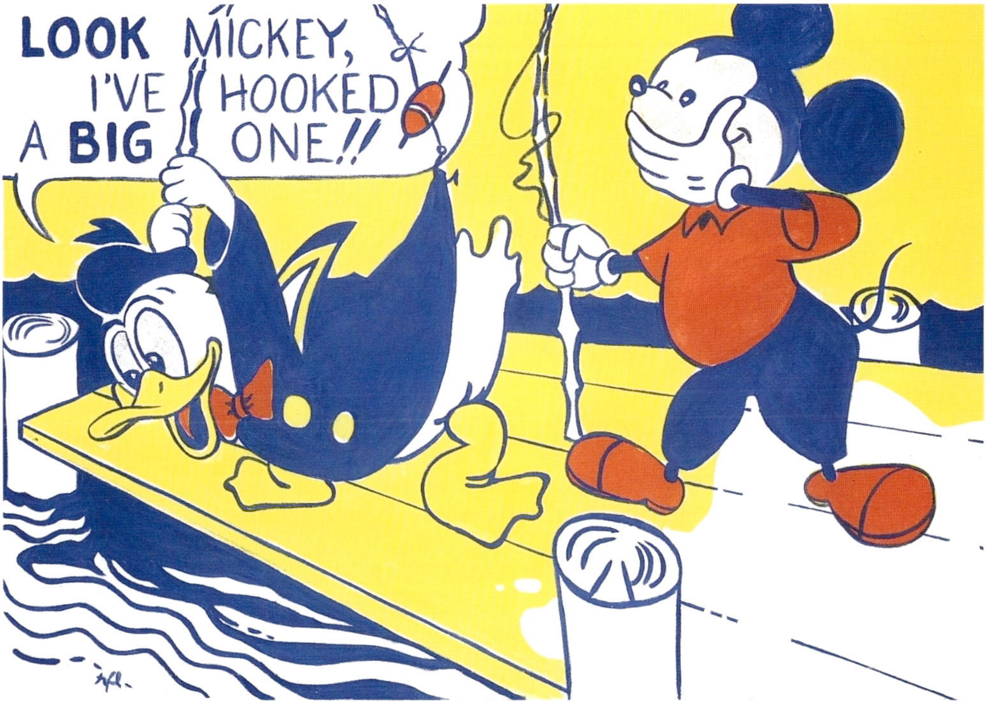

70 ***Regardez Mickey***, 1961
Huile sur toile
Dorothy et Roy Lichtenstein, don de l'artiste, à l'occasion du 50e anniversaire de la National Gallery of Art

Regardez Mickey parodie un dessin animé, véritable icône culturelle, créant ainsi une tension ironique typique du pop art. L'irascible Donald Duck, fidèle à lui-même, croit avoir pêché un gros poisson alors que c'est sa propre veste qu'il a prise à l'hameçon. S'apercevant de l'erreur de son ami, Mickey Mouse réprime un rire. Pourtant, la représentation de ce gag est plus intéressante qu'elle n'y paraît à première vue. Lichtenstein simule les points d'impression Benday des bandes dessinées en augmentant leur taille jusqu'à la parodie, et n'utilise que des rouge, bleu et jaune primaires. Cette palette réduite et les blancs intersticiels ajoutent au piquant de la situation choisie. L'art est confronté à la technologie, les nobles sujets de la peinture aux personnages de dessins animés. Les œuvres révolutionnaires de Lichtenstein du début des années 1960, comme *Regardez Mickey*, font communiquer l'art commercial et le monde de l'art, faisant voler en éclats les barrières séparant culture élitiste et culture de masse.

Martin Puryear | américain, né en 1941

71 *Levier n° 3*, 1989
Bois sculpté et peint
Don du Comité des collectionneurs

Cette sculpture abstraite est un géant gracieux, dont l'âme se déroule telle une vrille de plante. La forme exquise et les associations ouvertes de l'œuvre sont caractéristiques de son auteur. Martin Puryear grandit à Washington. Enfant, il se passionnait pour la nature et les animaux, et se construisait des objets dont une guitare qui se démontait et se remontait à volonté. Il travaillait déjà très bien le bois lorsque, ses études secondaires terminées, il rejoignit les Corps de la Paix. Durant les deux années qu'il passa en Sierra Leone, il apprit la menuiserie à l'africaine – exécutée à la main et profondément respectueuse des matériaux. Bénéficiant d'une bourse d'étude de l'Académie royale des beaux-arts de Suède, Puryear partit ensuite pour Stockholm. Il était attiré par la vannerie et l'artisanat des régions arctiques (qu'il parcourut sac au dos) ainsi que par les matériaux et les techniques du travail du bois scandinave. Il rentra en Amérique profondément intéressé par la sculpture sur bois.

Son *Levier n° 3* est réalisé à partir de morceaux de pin ponderosa, que Puryear superposa, sculpta et peignit en noir. Ses surfaces comportant de légères facettes et sa couleur évoquant des techniques anciennes de teinture et de fumage des matériaux, témoignent des riches traditions qui informent l'art de Puryear.

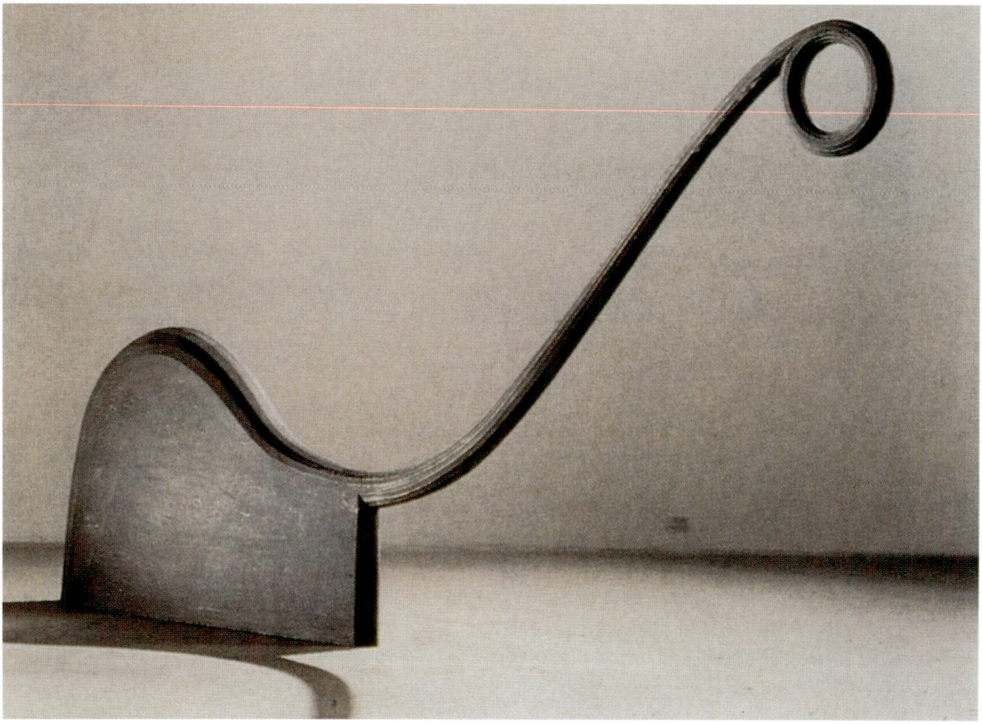

Louise Bourgeois | américaine, née en 1911

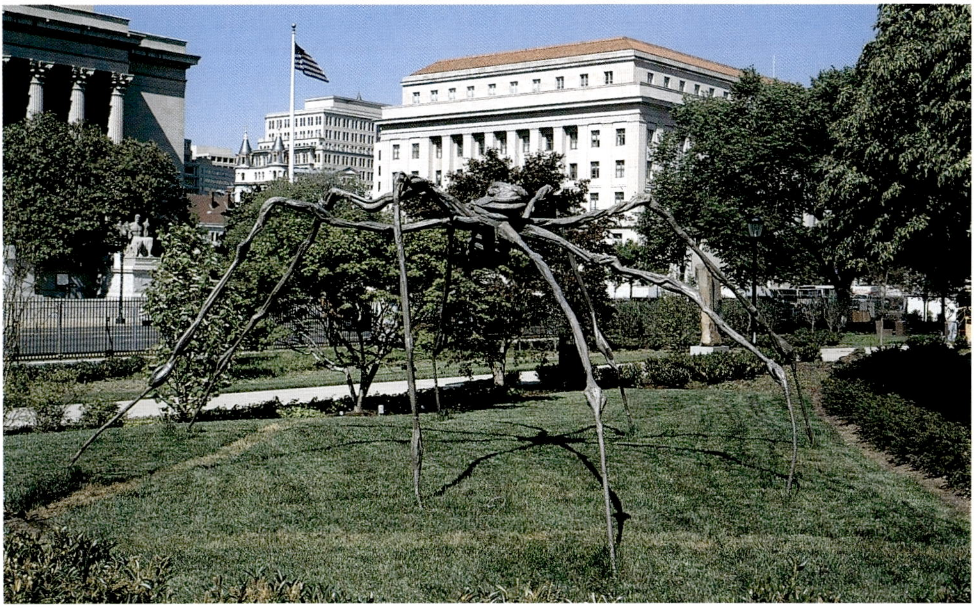

72 ***Araignée***, 1996, coulée en 1997
Bronze avec patine au nitrate d'argent
Don de la Fondation Morris et Gwendolyn Cafritz

En 1994, Louise Bourgeois commença à réaliser plusieurs araignées, qu'elle exposa en 1997 dans le cadre d'une exposition intitulée *Ode à ma mère*. Ses araignées ne sont pas des prédateurs. Maternelles et vulnérables, elles protègent leurs petits. La mère de Louise Bourgeois dirigeait une entreprise familiale de réparation de tapisseries, aussi l'identification à l'arachnide tisseuse de toiles est-elle plus appropriée qu'il n'y paraît d'abord. Le motif de l'araignée, déjà présent dans les premiers dessins et gravures de Louise Bourgeois, est aussi un « fil conducteur » qui la relie à son passé et ses souvenirs. L'artiste explore son rôle de fille et non de mère. Depuis soixante ans, son œuvre se fonde sur la tension entre l'amour de sa mère et ce qu'elle a ressenti comme la trahison de son père, durant sa jeunesse. Louise Bourgeois exprime ses phantasmes au moyen de formes puissantes qui semblent posséder la force intérieure des objets rituels.

Claes Oldenburg | américain, né en 1929
Coosje van Bruggen | américaine, née en 1942

73 ***Gomme de machine à écrire, échelle X***, modèle 1998, fabriqué en 1999
Acier et ciment peints à l'uréthane acrylique
Don de la Fondation Morris et Gwendolyn Cafritz

Avant l'ordinateur, nous nous servions de la machine à écrire et de gommes à poils pour éliminer les fautes. Oldenburg se souvient de ces gommes qu'il voyait dans le bureau de son père. Cette sculpture de plus de 7 mètres représentant un objet désormais obsolète rend hommage aux objets courants mais néanmoins importants, présentés à grande échelle pour nous faire comprendre les liens ironiques entre l'art et la vie. Son antique et mince roue de caoutchouc paraît prête à dévaler le jardin de sculptures du musée, tel un jouet plein de vie. C'est justement ce que recherche Oldenburg, qui n'hésite pas à relever ses œuvres d'une touche de subversion, de nostalgie désabusée et d'espiègles allusions érotiques. Les premières « sculptures molles » d'Oldenburg, représentant des articles de tous les jours comme les cônes de glace, les cigarettes et les accessoires de salle de bains, souvent réalisées en tissu ou en vinyle, l'amenèrent à des projets beaucoup plus ambitieux comme cette *Gomme de machine à écrire, échelle X*, entrepris avec son épouse, Coosje van Bruggen. Notons au passage que cette sculpture en fibres de verre et résine est couverte du même revêtement rouge que celui utilisé pour les courts de tennis et les pistes de course.

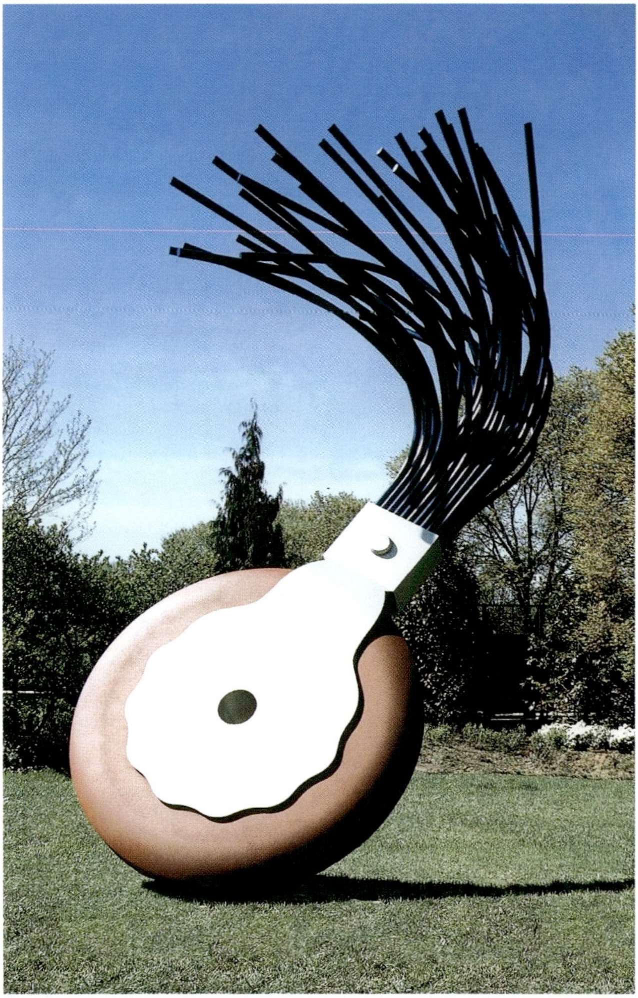

NATIONAL GALLERY OF ART, WASHINGTON

Sculpture Garden and Symbol Key/Jardin de sculptures et légende/ Jardín de esculturas y clave de símbolos

Men's Restroom (disabled access may require assistance)
WC hommes (accès difficile pour certains handicapés)
Lavabos de caballeros (el acceso podría resultar difícil para las personas minusválidas)

Women's Restroom (disabled access may require assistance)
WC femmes (accès difficile pour certains handicapés)
Lavabos de señoras (el acceso podría resultar difícil para las personas minusválidas)

Accessible Restroom (for visitors requiring assistance from their companions)
WC accessible aux handicapés (notamment ceux ayant besoin de l'aide de leur accompagnateur)
Lavabos de fácil acceso (para visitantes que requieran asistencia de sus acompañantes)

Checkroom/Vestiaire/Guardarropa

Art Information/Informations concernant les œuvres/Información sobre las obras de arte

Telephone/Téléphone/Teléfono

First Aid/Poste de secours/Primeros auxilios

Assistive Listening Device/Appareil auditif pour malentendants/Dispositivo para personas con dificultades auditivas

Elevator/Ascenseur/Elevador

Facility for the Disabled/Accessible aux handicapés/Instalaciones para personas minusválidas

Escalator/Escalator/Escaleras mecánicas

Café or Food Service/Café ou service de restauration/Cafetería

(73) Objects mentioned in text. Consult ? for updated locations
Objets mentionnés dans le texte. Consultez ? pour les localiser
Objetos mencionados en el texto. Consultar el símbolo ? para información actualizada sobre la ubicación de las obras

* Not on view 4/01–2/02/Pas exposé 4/01–2/02/No están en exhibición de 4/01 a 2/02

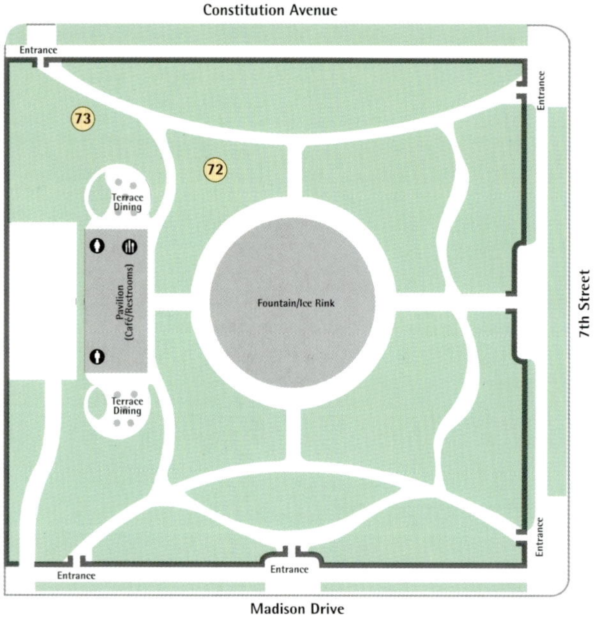